Meine Mamie Rose –

Die Geschichte meiner Regeneration

Owen Kildare

Writat

Diese Ausgabe erschien im Jahr 2024

ISBN: 9789359940489

Herausgegeben von
Writat
E-Mail: info@writat.com

Inhalt

Owen Kildare.

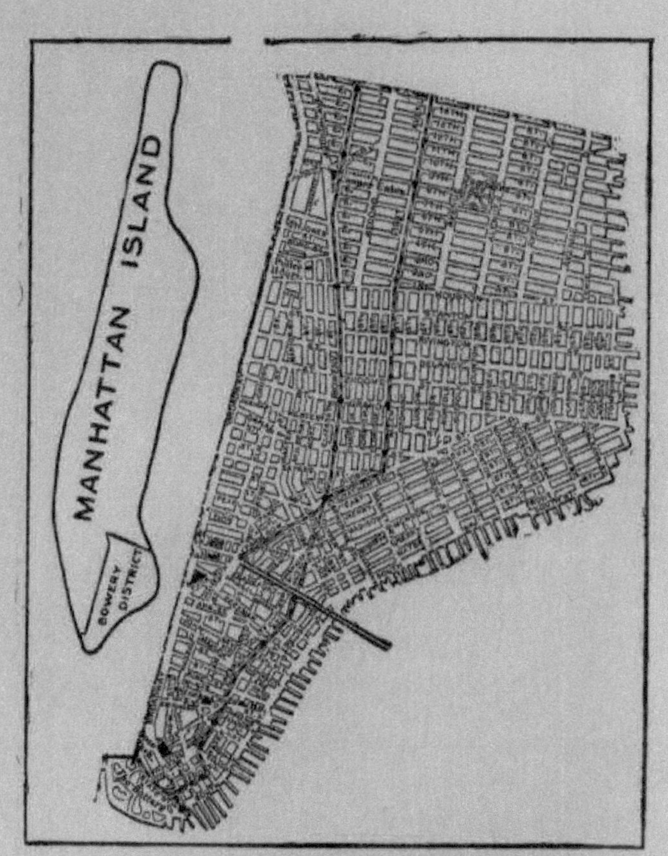

MAP OF THE BOWERY DISTRICT.

The map on the left shows how small a fraction of Manhattan Island (only a small part of New York City in itself) this world-famous district is. In this small section, called by Mr. Kildare "The Highway of the Foolish," he was born and lived, until he was thirty. Rarely did he leave it. In fact, he states that a large percentage of the people who are born here go through life with the very vaguest ideas of the world beyond—many living and dying without ever having passed north of 14th Street and West of Broadway. It is a strange world of strange people who live only from day to day and unto their daily needs.

Karte des Bowery Districts

KAPITEL I.

DAS KIND AUS DEM MIETSHAUS.

Viele Menschen haben ihre Lebensgeschichte erzählt. Ich werde Ihnen meine erzählen. Nicht, weil ich wie sie Großes und Wichtiges geleistet hätte, sondern wegen des Wunders, das mich verwandelt hat.

Wenn man Leben am Fortschritt messen kann, könnte meins für Sie von Interesse sein. Wenn ein Mann mit dreißig Jahren nicht einmal den einfachsten Satz lesen oder schreiben kann und dann acht Jahre später seinen Lebensunterhalt mit der Feder verdient, ist seine Geschichte vielleicht eine Erzählung wert.

Bevor ich jedoch anfange zu erzählen, wie ich meinen Ehrgeiz geweckt habe, möchte ich meine Position unmissverständlich klarstellen. Ich bin kein Selfmademan, der nur einen kleinen Beitrag zu seiner Entwicklung geleistet hat. Ein Selfmademan kann sich dem Weg zuwenden, den er zurückgelegt hat, und mit Stolz auf die Denkmäler seiner Errungenschaften verweisen. Ich kann das nicht. Ich habe keine großen Taten vollbracht. Ich bin ein Mensch, der aus einem unglücklichen moralischen Zustand wiedergeboren und in ein Leben versetzt wurde, in dem jedes Atom nur die eine Botschaft hat: „Strebe, kämpfe und glaube“, und ich wäre der hinterhältigste Heuchler, wenn ich leugnen würde, dass ich in mir eine Befriedigung darüber verspüre, diesem Ruf mit aller möglichen Energie von Seele und Körper folgen zu können. Ich kann wenig mit einem Menschen anfangen, der seine Fähigkeiten mit gespielter Bescheidenheit verkleidet. Das Gewissen eines Menschen ist der beste Gradmesser für seine Fähigkeiten, und wer vorgibt, nicht an seine Fähigkeiten zu glauben, ist entweder unaufrichtig oder hat einen Hintergedanken.

Obwohl ich bisher wenig erreicht habe, vertraue ich auf mich und meine Fähigkeiten, denn meine Ziele sind durchaus vernünftig. Ich bedauere, dass in meiner Geschichte die erste Person Singular so stark im Vordergrund steht, aber es kann nicht anders sein. Jede Tatsache, jedes erwähnte Ereignis habe ich erlebt; Schande und Ruhm, Elend und Glück sind alle Teil meines Lebens, und ich kann sie nicht von mir trennen. Ich weiß, dass Sie mir nicht misstrauen werden, und ich bin bereit, mich Ihrer Kritik auszusetzen, die sich aus offensichtlichen Gründen nicht gegen meine Ausdrucksweise, Eleganz des Stils und literarische Qualität richten wird. Ich bin kein Autor. Ich habe nur eine Geschichte zu erzählen, und alles Weitere bleibt Ihnen überlassen.

An meiner frühen Kindheit war nichts Besonderes. Die meisten Jungs in den Mietskasernen machen oder machten die gleichen Erfahrungen.

Das Haus, in dem meine Pflegeeltern (mein eigener Vater und meine Mutter starben, als ich noch klein war, wie ich Ihnen später erzählen werde) und ich lebten, bestand aus zwei Zimmern. Die Miete betrug sechs Dollar im Monat. Unser Haus befand sich im obersten Stockwerk eines Mietshauses im alten Stil in der Catharine Street und wurde durch ein kleines Fenster beleuchtet und belüftet, das auf ein Netz von Wäscheleinen hinausging, die von den Fenstern zu hohen Pfosten in den Ecken des Hofs führten. Wenn Sie Ihren Hals aus dem Fenster streckten, konnten Sie in den sechs Stockwerke tiefer gelegenen Hof blicken und die Ursachen des Gestanks entdecken, der mit Macht in Ihre Nase stieg.

Das „Vorzimmer" war Küche, Esszimmer, Wohnzimmer und mein Schlafzimmer zugleich. Im Winter neben dem Herd und im Sommer neben dem offenen Fenster stand auf ihren unregelmäßig geschwungenen Ständern die alte Seifenkiste, die mich als meine Wiege in die Kindheit hineinschleuderte.

Wie man vermuten kann, waren beide meiner Pflegeeltern Iren. Mein Vater, ein Hafenarbeiter, war im Fourth Ward, einem damals stark irischen Stadtteil, sehr beliebt. Beliebtheit im Fourth Ward bedeutete einen großen Kreis geselliger Gefährten und ein gutes Ansehen bei den Kneipenbesitzern . Sein Verdienst wäre beträchtlich gewesen, wenn er ein beharrlicher Arbeiter gewesen wäre. Aber beliebte Männer können es sich nicht leisten, ständig zu arbeiten. Das würde vielleicht ihre Brieftasche füllen, aber ihre Beliebtheit verringern. Diese geselligen Phasen, die mein Vater urkomisch fand, waren für meine Mutter äußerst deprimierend.

Das Leben in Mietskasernen ist besonders geschäftig. Wenn alle Anstrengungen darauf gerichtet sind, das Geld für Essen und Miete aufzubringen, ist jede Mahlzeit und jeder Miettag ein epochales Ereignis.

Sobald die Miete für einen Monat bezahlt ist, schwingt an jedem darauffolgenden Tag die Angst vor dem nächsten Miettag mit. Die sparsame Haushälterin legt einen Teil ihres Tagesgeldes beiseite und erhöht es in der letzten Woche des Monats, bis sie mit einem Seufzer der Erleichterung sagen kann: „Gott sei Dank haben wir es dieses Mal geschafft."

Ich bin fest davon überzeugt, dass ein großer Teil der Angst durch die Abneigung vor einem persönlichen Treffen mit dem Mieteintreiber oder -verwalter entsteht. Menschen, die die Größe ihrer Mahlzeiten an der Länge ihrer Geldbörsen messen müssen, neigen sehr dazu, in ihrer Ethik in finanziellen Fragen ein wenig unsicher zu werden. Sie sind bereit, ihren Lebensmittelhändler oder Metzger zu bezahlen, verlieren jedoch die Tatsache aus den Augen, dass das Mietgeld die Bezahlung für den wichtigsten Kauf ist, nämlich die Sicherung ihres Zuhauses. Sie sind mit dem Ladenbesitzer befreundet, lassen sich von ihm oft dazu „verführen", Geld auszugeben, das sie sonst benötigen, betrachten den Mieteintreiber jedoch als ihren persönlichen Feind.

Es gibt viele Mieteintreiber, und wie in allen größeren Gruppen werden viele zu Recht für ihr Verhalten kritisiert . Viele Mietshäuser gehören Männern, die zwar Eigentümer sind, sich aber sozial nur geringfügig von ihren Mietern unterscheiden. Es sind Männer, die durch große Schlauheit oder einen glücklichen Zufall genug angehäuft haben, um in ihrem eigenen Bezirk in Immobilien zu investieren. Da sie mit den Umständen ihrer Mieter vertraut sind und ihnen gegenüber noch ein Rest nachbarschaftliches Gefühl haben, lassen sie sich natürlich leichter beeinflussen.

Viele Mietshäuser gehörten damals und sind heute noch großen Immobilieneigentümern. Die Verwaltung dieser Gebäude wird Immobilienmaklern anvertraut, die eine Provision auf ihre Einnahmen erhalten, oder bezahlten Vertretern, die ihre Position der Fähigkeit verdanken, die Mieten hoch und die Reparaturkosten niedrig zu halten. Diese Männer werden von den Armen gehasst.

Es heißt, Unternehmen hätten keine Seele. Warum sollte dann ein großes Anwesen, und sicherlich ein Unternehmen, eine haben? Und es muss eine Seele geben, um das Leid zu verstehen, das Flehen zu spüren, das in stockender, schluchzender Sprache zu ihr dringt. Wie kann dann jemand, dessen Gefühle durch die Wiederholung dieser Elendsgeschichten vor langer Zeit abgestumpft sind, durch eine andere Variante des alten, alten Wehklagens zu mehr als einem Hohnlächeln angeregt werden: „Hab dieses eine Mal Mitleid mit uns, wir sind so arm, so krank, so elend."

Hier könnte man den Armen vorwerfen, sie seien in Haushaltsangelegenheiten träge und hielten sich nicht ausreichend an die Grundsätze der Sparsamkeit. Der Vorwurf wäre vollkommen berechtigt und würde eine der stärksten Ursachen für die unter den Armen herrschenden Zustände berühren. Niemand lebt verschwenderischer und weiß weniger zu sparen als die Armen. Ihre Ausgabenrechnung basiert nicht auf gesundheitlichen oder monetären Grundlagen, sondern richtet sich nach den vorübergehenden Einkünften.

„Viel Geld im Haus" und der Tag, an dem die Miete eingelöst werden muss, liegt noch in weiter Ferne, und viele Familien werden sich bei Tisch mit Essen und Trinken vollstopfen, nur um vielleicht schon am nächsten Tag zu Tee und trockenem Brot zurückzukehren.

Aus diesem Grund verdient keine soziale Bewegung auf der East Side mehr herzliche Unterstützung als jene, die Kindern und insbesondere Mädchen beibringen, „wie man einen Haushalt führt". Bringen Sie ihnen bei, wie man einen Haushalt führt, und sie werden ein Zuhause finden.

Wenn Miettage die furchtbaren Erwartungen des Lebens in einem Mietshaus sind, sind Mahlzeiten und ihre Zubereitung die lustvollen Erwartungen daran. Morgens, mittags und abends weht der Geruch von Kochen und Braten durch die offenen Türen der Wohnungen in die Flure. Die Türen sind aus zwei Gründen geöffnet – zur Belüftung und um den Nachbarn zu „zeigen", dass auf dem Herd mehr als nur der Teekessel brodelt. Hinter den geschlossenen Türen gibt es kein Festmahl, nur Tee und Brot und die Intrigen, wie man den Nachbarn diese unwillkommene Tatsache erklärt.

Meine Mutter konnte sich die Zuneigung ihres Mannes am besten sichern, indem sie auf seinen Appetit einging, der in der Nachbarschaft ein Wunderwerk war. Wenn er arbeitete, war er sehr anspruchsvoll bei der Auswahl und Zubereitung seines Essens; wenn er also nichts zu tun hatte, bemühte sich seine Frau noch mehr, ihn durch kulinarische Meisterleistungen aufzumuntern.

Außer dem ausgiebigen Kochen musste noch geflickt, gewaschen, gestopft und andere Hausarbeiten erledigt werden, und für Gefühle mir gegenüber blieb kaum Zeit, außer einem gelegentlichen liebevollen Klaps auf den Kopf.

Betrachten wir nun den Verstand und das Herz eines Kindes und überlegen wir, welchen Einfluss eine so karge Existenz darauf hat. Ein Kind kann ohne Verhätscheln auskommen – ja, die meisten Jungen tun das nicht oder geben vor, es nicht zu mögen –, aber das Herz eines Kindes, das so empfindlich ist wie kein anderes, dürstet nach viel Zuneigung.

Das Kind, ein kleiner Affe, der kein Ventil für seine freiwillige Reaktion auf Zuneigung findet, sucht ein Feld geistiger Aktivität in der Nachahmung der Erwachsenen um ihn herum. Und die Modelle und Muster in den Wohnvierteln sind nicht die, die ein Kind nachahmen sollte. Alle Bedingungen dort sind primitiv. Essen, Trinken, Schlafen und Kleidung sind dort die Ziele des Lebens, und für Gefühle bleibt nur ein kleiner Spielraum.

Auch die Ausdrucksformen sind primitiv und akzeptiert. Die ehrbare Hausfrau, die in einem Moment der Wut über den sanften Zustand ihres Mannes ihren Gefühlen in einem Ausbruch von eher nachdrücklicher als höflicher Sprache Luft macht, verliert dadurch nicht an Ansehen, sondern wird von mitfühlenden Leidensgenossen hören: „Sie hat genau das Richtige getan."

Bei Männern gilt es als Zeichen von Weiblichkeit oder Dudeismus , einen Satz ohne Schimpfwörter auszusprechen. Um als männlich zu gelten, muss man fluchen und schwören. Selbst Kosenamen werden mit einer ungewollt gegenteiligen Einleitung eingeleitet.

Owen Kildares Geburtsort in der Catharine St. Der Stern kennzeichnet das Fenster des Kildare-Mietshauses.

Dort wächst das Kind auf, von den anderen schädlichen Umwelteinflüssen ganz zu schweigen. Wenn dann im Erwachsenenalter dieses fehlerhafte und bösartige Fundament zusammenbricht und in Stücke zerfällt und nichts übrig lässt als ein von der Gesellschaft und dem Gesetz und scheinbar auch von Gott verdammtes Wesen, steht eine Armee bereit, um dieses durch seine eigene Existenz verfluchte Geschöpf mit Gesetz, Gerechtigkeit und Strafe zu überziehen, aber ohne ein Jota des Geistes, der selbst heute, in unseren sachlichen Tagen, die großartigste Botschaft widerhallt: „Er ist dein Bruder."

Dies war die Bühne, auf der das Drama meiner Kindheit begann. Die Rolle, die ich darin spielte, war nicht sehr interessant.

Ein erwachsener Mann oder eine erwachsene Frau kommt mit einem Minimum an Platz aus, aber ein Kind braucht viel Platz. Zum Toben, Spielen und Schabernack braucht man viel Platz, und da in Mietshäusern kein Zentimeter Platz übrig bleibt, beanspruchen die Kinder im Sommer wie im Winter die Straße als ihr ganz eigenes Reich.

Das ist schlimm, denn auf den Straßen lauern viele Gefahren für Kinder, sowohl physisch als auch moralisch. Es vergeht kaum ein Tag, an dem nicht ein Junge oder ein Mädchen von einem vorbeifahrenden Auto verletzt wird. Es ist fast unmöglich, diese Unfälle zu verhindern. Die Fahrer sind vorsichtig. Niemand kann mir weismachen, dass diese Männer mutwillig in eine Schar spielender Kinder hineinfahren würden, aber es gibt so viele, so viele.

Überzeugen Sie sich selbst davon. Sie brauchen dafür nicht sehr weit zu reisen. Nehmen Sie irgendeine Straße, östlich oder westlich der Bowery, und die junge Generation, die sich vor Ihren Füßen drängt oder in unschuldigem Spiel gegen Sie stößt, wird Ihnen besser als meine Feder erklären, was die wirkliche Not der East Side ist.

Allerdings bringen Parks und Spielplätze keine Mieteinnahmen, Mietshäuser schon, und darüber hinaus ist sogar das Leben der Kinder in diesen Vierteln von den Launen unserer patriotischen Bezirkspolitiker abhängig.

Bei den ganz Armen – und meine Eltern gehörten zu dieser Klasse – ist es Brauch, die Kinder hinauszuschicken, um Holz und Kohle für das Feuer zu holen. Meine Mutter, die ständig damit beschäftigt war, sich um das Wohl meines Vaters zu kümmern, hatte nicht viel Zeit für mich übrig, und ich wuchs weitgehend allein auf.

Schon bevor es zu meiner Pflicht geworden war, „Kohle holen zu gehen", liebte ich es, mit meinem Korb zum Flussufer zu gehen und Kohlestücke aufzusammeln, die beim Ausladen von Kanalbooten oder von allzu üppig gefüllten Karren heruntergefallen waren.

Unter meinen Spielkameraden hatte ich eine sehr unwichtige Stellung, da ich weder besonders beliebt noch unbeliebt war. Das machte mir nicht viel aus, da ich instinktiv spürte, dass etwas nicht stimmte und ich nicht auf Augenhöhe mit ihnen stand. Ich kann nicht erklären, warum ich damals so empfand, aber ich kann mich deutlich daran erinnern, dass ich mich ziemlich oft völlig isoliert fühlte.

Niemand kümmerte sich um mich oder tadelte mich wegen meiner langen Abwesenheit von zu Hause, vorausgesetzt, mein Korb war einigermaßen gut mit Kohle gefüllt. Dann überkam mich oft Neid. Ich beneidete die Mütter um die Liebkosungen, die sie ihren Söhnen gaben, und ja, ich beneidete sie auch um die Ohrfeigen, die sie bekamen, weil sie zu viel Zeit im Kohlenhandel verbrachten.

Ich war damals der Meinung und bin es heute auch, dass sich hinter jeder Prügelstrafe, die ein Kind erleidet, die Liebe und Gerechtigkeit eines Vaters oder einer Mutter verbirgt. Aber selbst die Züchtigung durch die Eltern blieb mir verwehrt – eine Tatsache, für die ich nach allgemeiner Meinung dankbar gewesen wäre.

So führte ich das langweilige Leben eines Mietskasernenkindes , das in meinem Fall noch langweiliger wurde , weil in meinen Beziehungen zu meinen Eltern und in meinen häuslichen Verhältnissen etwas Unerklärliches fehlte. Ich vermisste etwas, konnte jedoch nicht sagen, was es war.

Man kann es kaum als versteckten Kummer bezeichnen, aber wenn man einen Jungen über etwas grübeln und sich Sorgen machen lässt, für das man ihm keine Erklärung gibt, gerät er in einen Geisteszustand, der für sein Alter ganz und gar nicht gesund ist.

In der Nähe des Herdes stand eine alte Kiste, die als Aufbewahrungsort für Holz und Kohle diente. Dort saß ich, und von dort aus schaute ich mir die kleinen häuslichen Komödien und Tragödien an, die vor meinen Augen aufgeführt wurden, mit meinem Vater und meiner Mutter als Hauptdarstellern.

Die Popularität meines Vaters machte unser Haus zum Treffpunkt vieler Besucher. Bei diesen Besuchen war das am häufigsten verwendete Utensil die „Dose" oder der „Growler", und die Funktionen nahmen normalerweise den Charakter eines „Tintenfasses" an. Mehrere Häuser in der Gemeinde hatten einen guten Ruf als „Mixed Ale Camps", also Orte, an denen sich bestimmte Kumpel allabendlich treffen und „den Growler stürmen" konnten, solange das Geld reichte. Wenn die Freunde mehr als gewöhnlich da waren, wurde die Whiskyflasche, die neben der „Dose" immer „Flasche" genannt wurde, immer gut gefüllt gehalten, was eine Fortsetzung der Wirkungen hervorrief, die manchmal in Kämpfe mündeten, manchmal in rührselige Sentimentalität. Diese Anlässe – niemand weiß, warum – werden „Tintenfässer" genannt.

etablierten „Mixed Ale Camps" zu gehören . Damals war noch kein Gesetz erlassen worden, das den Verkauf von „Pints" Bier an Minderjährige unter Strafe stellte, und Kinder beiderlei Geschlechts waren bis spät in die Nacht damit beschäftigt, für ihre Älteren zu Hause „den Growler zu besorgen", wenn die Kneipen voller betrunkener und ausgelassener Männer waren. Die Kinder hatten keine Einwände dagegen, da sie für diesen Botengang immer ein paar Pennys bekamen.

Auch ich musste diese Ausflüge zur nächsten Kneipe machen, und aus dem oben genannten Grund machte mir das nichts aus. Manchmal bat mich nach meiner Rückkehr ein Mann, ihm eines der damals populären Lieder vorzusingen, aber ich lehnte mit der Schüchternheit eines Jungen ab. Mein Vater ließ sich diese Gelegenheiten nie entgehen, um seinen Freunden mitzuteilen, dass „dieser Bengel zu nichts taugt . Lasst euch nicht mit ihm ab."

Ich begann meinen Pflegevater eher zu hassen als zu hassen. Mehr als einmal begegnete ich seinem flüchtigen Blick mit einem bitteren Stirnrunzeln.

KAPITEL II.

EIN PAAR SCHUHE.

Es war noch Winter. Ich lief barfuß herum. Das war mir lieber, als die alten Schuhe meiner Mutter an den Füßen zu haben. Sie hatte einen kleinen Fuß, aber ihre alten Schuhe waren mir meilenweit zu groß und machten mich außerdem immer zum Ziel der Hohngelächter und Sticheleien meiner Spielkameraden auf der Straße. Deshalb trug ich die abgelegten Schuhe nie, es sei denn, es lag Schnee oder Eis auf dem Boden.

Doch egal, ob ich barfuß war oder in meinen sperrigen abgelegten Klamotten herumschlurfte, die Kommentare wurden so persönlich, dass ich beschloss, meinen Vater um ein Paar richtige, neue Schuhe zu bitten.

Der Zeitpunkt, meinen Antrag bezüglich der neuen Schuhe vorzubringen, war schlecht gewählt.

Mein Vater war gerade untätig und hatte einen so intensiven Gefühlszustand erreicht, dass er lauthals auf den Tisch klopfend erklärte: „Es gibt keine ehrliche Arbeit mehr für einen ehrlichen, anständigen, arbeitenden Mann." Meine Mutter war im Moment damit beschäftigt, die Reizbarkeit ihres Mannes zu besänftigen, indem sie ein wunderbares Kochkunststück zubereitete, und konnte mir nicht ihre wichtigste moralische Unterstützung geben.

Meine Bitte wurde mit Schweigen aufgenommen. Es war ein ominöses Schweigen, aber ich bemerkte es nicht.

Ich bestand darauf.

„Ich möchte ein Paar Schuhe ganz für mich alleine, so wie die anderen Jungs."

„Oh, willst du Schuhe? Neue Schuhe? Schuhe, die Geld kosten, wenn man nicht genug Geld im Haus hat, um einem Mann eine anständige Mahlzeit zu kaufen. Ich werde dir Schuhe geben, das werde ich wirklich."

Trotzdem bestand ich darauf. Dann wurde mir das angetan, was mir vielleicht schon längst hätte passieren sollen. Ich wurde zum ersten Mal geschlagen und sollte danach noch oft und oft geschlagen werden.

Die Prügel brachten mich auf die Palme. Aus sicherer Entfernung machte ich meinem Vater Vorwürfe, weil er mich dafür bestrafte, dass ich verlangte, was alle Kinder von ihren Eltern verlangen dürfen: angemessene Kleidung. Das brachte ihn auf die Palme; doch nachdem er aufgehört hatte zu lachen, erklärte er mir auf die direkteste und unverblümteste Weise meinen Status in der Familie und teilte mir auch mit, dass er mich, wenn er dazu geneigt wäre, jederzeit auf die Straße werfen könnte, wo ich von Rechts wegen hingehöre.

Ohne ein Blatt vor den Mund zu nehmen, erzählte er mir die Geschichte meiner Abstammung. Zumindest sagte er mir, dass ich nicht besser sei als ein Waisenkind, das aus der Gosse geholt und durch die Güte seiner Frau und ihn am Leben gehalten wurde.

Es war alles wahr.

In den folgenden Tagen erfuhr ich aus den legendären Gerüchten unter den Nachbarn immer mehr über meine Eltern. Und selbst er, mein Adoptivvater, konnte nur Gutes über meinen Vater und meine Mutter sagen, wenn er ihren Sohn wirklich hasste.

Nein, ich würde nicht sagen, dass er mich hasste. Patrick McShane hatte ein gutes Herz, ließ es aber zu oft durch das Gift der Dose und Flasche vergiften.

Über meinen eigenen Vater weiß ich nur, dass er ein typischer Sohn der Grünen Insel war. Ausgelassen, unbeschwert, immer mit einem Lied oder einer Geschichte auf den Lippen, war er während seines Aufenthalts in der Gemeinde, in der er sich und seiner Frau von seiner Ankunft in diesem Land bis zu seinem Tod ein Zuhause geschaffen hatte, ein allgemeiner Liebling.

Vor einigen Jahren hatte ich das Vergnügen, den Besitzer des Hauses kennenzulernen, in dem unser Haus war und in dem ich geboren wurde. Trotz seines hohen Alters erinnerte er sich noch an meinen Vater.

„Weißt du, mein Junge, dass dein Vater ein feiner Mann war? Wie jeder Mann, der schöne Wohnungen an Mieter vermietet, musste ich darauf achten, dass die Miete regelmäßig bezahlt wurde, und das tat ich immer, ohne zu streng mit ihnen zu sein. Aber bei deinem Vater war das ganz anders. Es gab ein paar Mal, da fehlten ihm ein paar Dollar oder die Miete war überhaupt nicht da, aber bevor ich die Chance hatte, wütend zu werden, erzählte er mir eine Geschichte oder sang mir ein Liedchen, und anstatt wütend zu werden, ging ich und vergaß meine Miete völlig. Ach, wirklich, Owney , Junge, dein Vater war ein feiner Mann.“

Kein großer Nachruf , aber viel, sehr viel für mich, den Sohn. Ich habe nichts, kein Bild, kein Foto, das mir hilft, meine Eltern vor meinem geistigen Auge zu sehen; und deshalb trägt jede Ehrerbietung, egal wie unbedeutend sie auch sein mag, dazu bei, das Bild von ihnen zu perfektionieren und in meiner Seele zu formen.

Meine Mutter war eine Französin, die meinen Vater heiratete, kurz bevor er aus Frankreich, wo er Kunst studiert hatte, in dieses Land aufbrach. In der Gegend wusste man sehr wenig über sie. Ihr ganzes Leben schien sich um ihren Ehemann zu drehen, und sie wurde selten außerhalb ihrer eigenen

Räume gesehen. Die einzigen Atempausen, die sie je genoss, waren auf dem Dach – ganz praktisch für das oberste Stockwerk, wo das Haus war – und dort konnte sie einen Hauch frischer Luft schnuppern, begleitet von einem der Lieder meines Vaters.

Warum konnte ich sie nicht kennen?

Da meine Eltern finanziell nicht ausreichend ausgestattet waren, waren sie kurz nach ihrer Ankunft in diesem Land gezwungen, Wohnungen im obersten Stockwerk des Mietshauses in der Catharine Street zu nehmen , in dem ich geboren wurde.

Meine Mutter starb bei meiner Geburt; mein Vater war ihr drei Monate vorausgegangen.

Traurig ist das Schicksal eines Waisenkindes in einem Mietshaus. Jede Familie hat wenig, aber viele müssen davon leben.

Aber ich, das verwaiste Baby, hatte außerordentliches Glück.

Auch im Leben der Armen fehlt es nicht an Romantik, und dank einer dieser Eigenschaften habe ich ein Zuhause gefunden.

Nicht lange bevor meine Eltern in den Fourth Ward zogen, war Patrick McShane, einer der beliebtesten und hübschesten jungen Männer der Nachbarschaft, „auf die schiefe Bahn geraten“. Er hatte seine Arbeit vernachlässigt, um an den vielen gesellschaftlichen Festlichkeiten teilzunehmen – auch „Mixed Ale Camps“ genannt –, bis seine nüchternen Momente nur noch sehr selten waren.

Sobald sein Status als bestätigter Trunkenbold feststand, war er bei den vielen Versammlungen nicht mehr so willkommen wie zuvor. Der Grund dafür war sein aufbrausendes Temperament, wenn er unter Alkoholeinfluss stand.

Da er sich teilweise geächtet fühlte, blieb er an der Uferpromenade und verbrachte dort seine Tage und Nächte.

Gegenüber dem Fluss liegt die South Street . An einer der Ecken befand sich die Gin Mill und das Parlamentsgebäude eines echten amerikanischen Patrioten und Abgeordneten. Dieser Diplomat, dieser Staatsmann, der sich vor seinen Wählern immer als Mann präsentieren wollte, dessen Wohltätigkeit keine Grenzen kannte, hatte seiner Nichte, der Tochter seines verstorbenen Bruders, ein Zuhause gegeben. Vielleicht war es nur ein Zufall, dass das Dienstmädchen am selben Tag entlassen wurde, an dem seine Nichte in den Haushalt aufgenommen wurde.

Jedenfalls fand Mary McNulty kaum Zeit, auf den Bürgersteigen der Catharine Street spazieren zu gehen , wie es die Schönheiten des Bezirks zu tun pflegten. Selbst wenn sie die Zeit dafür gehabt hätte, hätte sie sie nicht genutzt, und zwar aus einem sehr guten Grund. Mary McNulty war nicht schön.

In den ersten Wochen in der Nachbarschaft wurde sie von den Jungen, wenn sie auf der Straße auftauchte, schnell "Warzengesicht" getauft, und obwohl sie nicht überempfindlich war, beschloss sie, auf das Vergnügen zu verzichten, Zielscheibe solcher persönlichen Kommentare zu sein.

Von da an verließ sie das Haus nur noch bei Einbruch der Dunkelheit, um zum Ende des Piers gegenüber der Gin Mill ihres Onkels zu laufen. Bei einem dieser nächtlichen Streifzüge traf sie Patrick McShane. Er lag in betrunkenem Zustand am äußersten Rand des Docks und drohte das Gleichgewicht zu verlieren. Mary weckte ihn , hielt ihm eine Standpauke und gab ihm dann Geld. Bevor sie ihn fortschickte, sagte sie ihm, er solle am nächsten Abend wiederkommen .

Schon bald fanden regelmäßige Treffen statt und es dauerte nicht lange, bis Mary auf die Idee kam, Patrick McShane umzuerziehen.

McShane war einverstanden, und eines Tages erschrak die gesamte Gemeinde außerordentlich, als man von der Hochzeit von Patrick McShane und Mary McNulty erfuhr.

Um Anerkennung zu zollen, wo sie angebracht ist, muss festgehalten werden, dass McShane, inspiriert durch die Hingabe seiner Frau, eine ganze Weile lang seine Gewohnheiten wunderbar verbesserte und den schmalen Weg der Nüchternheit ohne ein einziges Stolpern beschritt. Doch nach etwa einem Jahr Ehe gestattete er sich gelegentliche Rückfälle in alte Gewohnheiten und vervielfachte sie mit der Zeit. Es ist schwer zu sagen, ob im Herzen seiner Frau alle Hoffnung auf eine endgültige Besserung erlosch. Sie wurde sehr ruhig, kümmerte sich mehr um seine leiblichen Bedürfnisse und erhob nie Einwände.

Doch da muss eine Leere gewesen sein, eine Sehnsucht, ein wenig Zuneigung zu empfangen und zu geben, und als „die Dame vor mir" – meine Mutter – starb und ihr Waisenkind zurückließ, wollte Mary McShane es nicht in die „Anstalt" geben, sondern nahm es in ihr eigenes bescheidenes Heim auf.

Und für diese liebe kleine Frau, deren ganzes Leben von Selbstaufopferung, Hingabe und Demütigung geprägt war, bete ich bei jedem Gedanken an sie.

Es ist kaum zu erwarten, dass ich, ein siebenjähriger Junge, die volle Bedeutung der Informationen, die mir mein Pflegevater mitteilte, erfasste. Nur zwei Punkte erschienen mir sehr schwerwiegend. Wenn meine Spielkameraden erfahren hätten, dass ich ein Waisenkind war – für sie nicht von einem Findelkind zu unterscheiden – und dass ich sozusagen unter falscher Flagge gesegelt war, wäre mein Schicksal voller Verfolgung und höhnischer Verachtung gewesen. Ich betete im Stillen und flehte dann meine Pflegemutter an, die Angelegenheit streng geheim zu halten.

Der andere wichtige Punkt war, dass die Straße, „wo ich von Rechts wegen hingehörte", ein neues Aussehen annahm. Da ich genügend Beweise für den impulsiven Geist hatte, der unseren Haushalt beherrschte, schien mir etwas zu sagen, dass es nicht unwahrscheinlich war, dass die Drohung meiner Ausweisung wahr werden würde, und ich begann, mein endgültiges Schicksal von allen Seiten zu bedenken.

Die Schuhputzer, Zeitungsjungen und anderen jungen Burschen, die ihr unsicheres Leben auf der Straße führten, wurden zu Personen, die mich sehr interessierten. Ich beobachtete ihr Verhalten und rechnete sogar ihre Einnahmen aus. Mir war völlig klar, dass ich, sollte mein Pflegevater mich aus dem Haus vertreiben, auf der Straße notdürftig leben müsste.

All dies versetzte mich in einen Zustand der Zerstreutheit, der für ein Kind nicht natürlich ist. Ich wurde stiller als je zuvor und beobachtete abends von der Holzkiste hinter dem Herd aus unser häusliches Treiben. Meistens war es sehr laut, und meine Stille schien in den Ohren desjenigen zu kratzen, den ich nicht mehr „Vater" nannte, sondern förmlicher „Mr. McShane" nannte, was ihn ebenfalls ärgerte.

Kannst du hier nicht zwischen den Zeilen lesen und verstehen, wie etwas in mir immer mehr erstickte? Vielleicht war ich unvernünftig oder undankbar, aber ich war ein Kind und hungerte und hungerte und sehnte mich nach dem, was mir noch nicht zuteil geworden war.

Aber wenn Mr. McShane meine Bitte um Schuhe nicht erhörte, hatte meine gute, liebe „Mum" meine Bitte gehört und verstand, warum ich so hartnäckig war. Glücklicherweise sind Kinderschuhe keine großen Kosten, und so ging „Mum" an einem ereignisreichen Tag zu ihrer Sparkasse, dem sprichwörtlichen Strumpf, nahm den größten Teil davon und machte mich zum stolzen Besitzer eines Paars echter, neuer Schuhe, der ersten meines Lebens. Bitterkeit, Schmollen und Wehklagen waren wie durch Zauberei vergessen und weggewischt, und meine Füße in ihren neuen Hüllen schienen auf goldene Sonnenstrahlen zu treten. Wenn ich noch hinzufüge, dass ich nie ein Spielzeug irgendeiner Art besessen hatte, können Sie meine Gefühle ermessen.

Die echten, neuen Schuhe waren kein ganz kostenloses Geschenk. Zwischen „Mama" und mir war vereinbart worden, dass ich dafür den Gegenwert in Form von erhöhten Sammelwerten im Kohleneinzelhandel bezahlen sollte.

Am nächsten Tag machte ich mich mit den besten Absichten auf den Weg zum Kohlehafen. Ich begann zu befürchten, dass wir nicht genug Platz für all die Kohle finden würden, die ich an diesem Tag nach Hause bringen wollte. Tonnenweise Kohle türmten sich vor meinen Augen auf, bis mein Blick vielleicht auf die echten, neuen Schuhe fiel.

Es wurde zu meiner unabdingbaren Pflicht, mein Schuhwerk sichtbar zu machen.

Es wurden viele Umwege gemacht und so viel Zeit damit verschwendet, meine Schuhe zum leidenschaftlichen Neid meiner Kameraden auszustellen, dass die Ansammlung von Kohle darunter litt. Das Erwachen aus meinem Traum vom Ruhm kam am Ende des Tages, als ich all meine verbliebene gute Laune aufbringen musste, um mich für meinen Empfang zu Hause zu stärken.

Der Kohlenkorb war erschreckend leicht.

Meine Heimkehr kam zu einem sehr ungünstigen Zeitpunkt. Mr. McShane war mitten in einer weiteren Freizeit, die ihm den Besuch der benachbarten Kneipen nicht unmöglich machte. Hätte ich „Gesellschaft" gehabt, hätte ich seinem Zorn vielleicht entgehen können, aber da ich ganz allein dort saß – das heißt ohne männliche Gesellschaft – und seine Frau es nie wagte, auf seine sarkastischen Anspielungen zu antworten, war ich nur das rote Tuch für den Stier.

„Ah, und bist du also endlich zu Hause? Mary, hast du kein warmes Abendessen für diesen jungen Herrn vorbereitet, nachdem er so hungrig war, weil er so hart gearbeitet hat, um etwa zehn Stücke Kohle zu besorgen? Oh, und wir tragen jetzt neue Schuhe, ist das nicht schön!" Dann, mit einem schnellen Wechsel von Ton und Benehmen: „Komm her, du Göre, komm her zu mir!"

„Lass den Jungen in Ruhe, Pat!", unterbrach sie mich, aber ich wusste ebenso wie sie, dass es zwecklos war.

Ich kann mich problemlos an alles erinnern. Auf eine dumpfe, bedrückende Art spürte ich, dass die Krise gekommen war.

Am Ende der Szene wurden mir meine Schuhe, meine echten, neuen Schuhe, von den Füßen gerissen. Alles in mir rebellierte dagegen. Ein Leben ohne diese Schuhe war nicht lebenswert, und ich geriet in einen Rausch, der mich erst verließ, als ich mich, von einer schnellen Beinbewegung fortgetrieben, auf dem Boden des dunklen Flurs wiederfand – ohne meine Schuhe.

Das lang Erwartete war eingetreten. Ich hatte geglaubt, auf diesen Moment vorbereitet zu sein, doch nun war ich sprachlos und verwirrt. Was sollte ich tun? Die Straße, „in die ich gehörte", schien jetzt mir zu gehören, aber ich blickte nicht mehr ganz so stoisch auf die Aussicht, die vor mir lag.

„Außerdem, wie kann ich ohne Schuhe ausgehen?", überlegte ich und vergaß dabei die Tatsache, dass Schuhe für mich erst seit kurzem zu einer Notwendigkeit geworden waren.

Aber die Wahrheit war – und können Sie es mir verdenken? –, dass aus dem Spalt am unteren Ende der Tür ein winziger Lichtstrahl kam, der mir lebhaft erzählte, was ich alles zu verlieren drohte. Wie oft hatte ich mein Schicksal angeknurrt; jetzt, hinter dieser Tür, lag ein Paradies.

Ich kauerte in der dunklen Ecke der Treppe, die zum Dach führte. Wie lange ich dort zitterte, weiß ich nicht. Alle meine Sinne waren wachsam und auf den kleinsten Alarm vorbereitet. Einmal hörte ich in mir Flehen und entschiedenes Verneinen, und dann war alles still – lange Zeit still.

Mein Blick war auf die Tür gerichtet. Es kam mir vor wie Stunden – vielleicht waren es auch Stunden –, bis ich ein leises Knarren hörte und den Widerschein weiteren Lichts auf dem Flurboden sah. Es verschwand ebenso schnell, wie es aufgetaucht war, und dann war es wieder dunkel und still.

Aber warum wurde diese Tür geöffnet? Irgendetwas musste geschehen sein. Ich schleppte mich zur Schwelle meines verlorenen Zuhauses, tastete herum und fand – meine Schuhe, meine echten, neuen Schuhe. Und dann versuchte ich heftig zu weinen, aber es gelang mir nicht. Die Kruste war zu hart geworden.

Die Krise war gekommen und vorüber, und der Vorhang fiel über meine Kindheit. Das Alter kann nicht in Jahren gemessen werden.

KAPITEL III.

EIN STRASSENNOMADE.

Mit sieben Jahren betrat ich die Straße, wo ich von Rechts wegen hingehörte, kein Kind mehr, um die Reise anzutreten, die mich über viele Jahre im Tal in die Höhe führte.

Es war eine trübe Dezembernacht.

Können Sie sich nicht selbst ein Bild von dem Jungen machen, der sich auf den Weg macht – wohin?

Ich blieb eine Weile in der Tür stehen. In der Ferne tauchte ein Polizist auf. Jungen können sie tagsüber nicht ertragen, nachts erst recht nicht. Um diese Zeit von einem „Bullen" „geschnappt" zu werden, bedeutete einen Aufenthalt auf der Wache und einen Besuch beim Polizeigericht. Ich machte mich auf den Weg.

Mit der Mütze über die Ohren gezogen und den Händen in den Taschen gesteckt, machte ich mich auf den Weg in Richtung Bowery und Chatham Street, die heute Park Row heißt. Ich blieb unter einem Laternenpfahl stehen, um meinen Weg zu bestimmen.

„Uptown" war eine völlig unbekannte Gegend für mich. „Downtown" war mir nicht viel vertrauter, aber irgendwie wusste ich, dass das der Ort war, aus dem alle Zeitungsjungen kamen.

Ich bog nach links ab und ging und lief – die Nacht war bitterkalt – die Chatham Street hinunter , bis ich das Rathaus sehen konnte. Bisher war ich schon ein- oder zweimal auf einer abenteuerlichen Reise hier gewesen, aber nicht weiter. Obwohl ich es damals noch nicht realisierte, stand ich auf meinem Absprungplatz, bereit, ins Unbekannte zu springen.

Ich hielt eine Weile inne und blickte in die Dunkelheit vor mir. Damals, vor der Fertigstellung der Brooklyn Bridge, war der City Hall Square nicht so hell erleuchtet wie heute. Ich blieb dort stehen, bis mich die beißende Kälte zum Weitergehen trieb.

Meine Augen tränten von den Explosionen, und als ich weiterstolperte, wäre ich beinahe auf eine Schicht winziger Menschen gefallen. Bevor ich Zeit hatte, meine steifen Hände aus den Taschen zu ziehen, um mir die Augen zu wischen, verspürte ich ein willkommenes Gefühl von Wärme, dicker, intensiver, feuchter, von Tinte durchdrungener Wärme.

Die warme Luft kam vom Gitter über dem Drucksaal einer Zeitung. Dieser offene Heizkörper war nur wenige Meter lang, aber immerhin fünfzehn Jungen umarmten ihn so fest wie die Brüste ihrer Mütter. Der Eisenrahmen war völlig unsichtbar, und mein Anteil an der Wärme, die von ihm kam, war sehr gering. Aber trotzdem waren mir nur wenige Minuten dieser sporadischen Freude vergönnt.

Gerade als die Taubheit aus meinen Gliedern zu schmelzen begann, ertönte der dem Zeitungsjungen wohlbekannte Schrei: „Halt die Klappe, Bulle!", und wie eine Horde verängstigter Elfen huschten die Jungen davon, ich bildete die Nachhut.

Wir rannten um die Ecke in die Frankfort Street und blieben in einem dunklen Flur stehen, der das Hauptquartier dieser speziellen Gruppe zu sein schien. Es war nicht warm dort drinnen, aber immerhin bot es Schutz vor den schneidenden Böen des Nachtwindes, der um die Häuserblocks gegenüber von Park Row sein stürmisches Versteckspiel spielte.

Ich folgte dem Beispiel der anderen, kuschelte mich in eine Ecke und versuchte, im Schlaf meine Sorgen zu vergessen. Ich döste gerade, kurz bevor ich in einen festeren Schlaf fiel, als ich plötzlich und rasch durch einen Griff und Tritt aufgeweckt wurde und mir mitgeteilt wurde, dass ich eine Ecke usurpiert hatte, die einem Stammgast dieser trostlosen Herberge „zugehörig" war .

Ich musste noch lernen, dass ein Zeitungsjunge alles in Sichtweite für sich beansprucht und es nur bei einer Niederlage im Kampf wieder hergibt, und fügte mich demütig in meine Enteignung. Der Nachzügler nahm ein Bündel Zeitungen unter seinem Arm hervor und machte sich sorgfältig daran, sein Bett vorzubereiten. Zuerst breitete er eine Anzahl Laken auf dem Boden aus, dann machte er aus dem Großteil ein Kissen und deckte sich schließlich mit den restlichen Zeitungen zu.

Das Licht war schwach, aber es genügte, ihm mein Unbehagen zu zeigen.

„Sag mal", sagte er zu mir, „was ist los, hast du keinen Platz zum Schlafen? Ich sage dir, was ich machen werde. Wenn du im Schlaf nicht strampelst, lasse ich dich neben mir liegen." Und dann, als nachträglicher Einfall: „So bleibe ich jedenfalls wärmer."

Mit größtem Nachdruck und Eindringlichkeit versicherte ich ihm, dass ich absolut bewegungslos geschlafen habe, und von dieser Nacht an begann eine Partnerschaft und Freundschaft, die viele Jahre andauerte.

In späteren Jahren habe ich mich oft gefragt, warum ich und all die anderen Jungs, die damals zur Zeitungsverkäufer-Bruderschaft gehörten, immer in Park Row und inmitten der zukünftigen Kollegen landeten? Es schien ein wohlbestimmtes Schicksal zu sein . Hinter jedem neuen Rekruten stand die kleine Tragödie, die den Hauptdarsteller zu einem streunenden Streuner auf der Straße gemacht hatte. Und egal, wo sich die Tragödie ereignet hatte, ob in Harlem oder im First Ward, dem Viertel entlang und oberhalb der Battery, sie alle fanden ihren Weg nach Park Row.

Das Leben eines Zeitungsjungen ist voller Action. Sein persönlicher Kampf und sein Geschäft nehmen ihn so in Anspruch, dass er keine Zeit für nutzlose Spekulationen hat. Die Ankunft eines Neuankömmlings wird nicht durch einen sehr herzlichen Empfang angekündigt. Er wird weder durch berufliche Eifersucht behindert noch leidet er unter Toleranz. Das Feld steht allen offen und es liegt an dem Jungen, wie er sich schlägt. Trotz dieser fast unabdingbaren Selbstsucht sind impulsive Ausbrüche der Gutmütigkeit ein Merkmal dieses emotionalsten Geschöpfes , des Zeitungsjungen. Meine Ausbildung in der Bruderschaft begann mit einem dieser spontanen Ausbrüche.

Es war ziemlich früh, als ich, bis ins Mark durchgefroren, im zugigen Flur erwachte. Mein neues und unabhängiges Leben begann mit meinem ersten großen Kummer. Hier ist die Versuchung sehr groß, Ihnen zu sagen, dass Reue, Angst und Verzweiflung meine Seele quälten; dass es Heimweh war oder eine große Sehnsucht nach allem, was ich hinter mir gelassen hatte. Aber wenn ich diese Versuchung hinter mir lasse, muss ich gestehen, dass mein Kummer von der materiellsten Art war. Ich vermisste meinen Kaffee.

Auf der anderen Straßenseite befand sich Hitchcocks Kaffee- und Kuchenlokal. Durch die frostige Morgenluft wehte jedes Mal, wenn ein Gast das Lokal betrat oder verließ, eine Wolke fettiger, würziger Gerüche zu der durchgefrorenen kleinen Truppe, die ihr trostloses Heim verließ. Meine zukünftigen Kollegen hatten diese Folter so oft ertragen müssen, dass sie sie jetzt mit nur einem neidischen Schnuppern mit stoischer Standhaftigkeit ertragen konnten. Ich, immer noch ein Schwächling, blieb wie gebannt stehen, atmete die parfümierten Düfte ein und schwor feierlich, dass ich mit meinem allerersten Geld den gesamten Bestand kaufen würde; ja, sogar das gesamte Kaffee- und Kuchenlokal.

Leider ist Hitchcock's immer noch im Geschäft.

Die nächste Frage, die sich mir stellte, war: Wie sollte ich an das „erste" Geld kommen?

Zeitungsjungen arbeiten und spielen in Cliquen. Die spezielle Bande, der ich mich angeschlossen hatte, traf sich in der Theatre Alley. Es war der Versammlungs- und Treffpunkt für alle Mitglieder, für diejenigen, die in „normalen" Betten geschlafen hatten, und für diejenigen, die im Flur der Frankfort Street „das Banner getragen" hatten. Diese Unterscheidung führte keineswegs zu zwei unterschiedlichen sozialen Schichten unter uns. Das Schicksal war so ungewiss, dass der Aristokrat der Nacht zuvor, der seine müden Glieder in einem „normalen" Bett ausgeruht hatte, in der folgenden

Nacht sehr wahrscheinlich um den Besitz der Ecke im Flur kämpfte, die ihm „gehörte ".

[#] Die Nacht ohne Bett verbringen.

Außer einem prüfenden Blick beachtete mich keiner der Jungen und hatte auch nichts dagegen, dass ich ihnen folgte. In der Theatre Alley angekommen, trafen wir den Anführer der Bande, der die stolze Ehre hatte, so ziemlich der Einzige zu sein, der ein „Zuhause" hatte, in das er gehen konnte, wann immer ihm danach war. Dieselben Eigenschaften, die ihn seither zu einem politischen Führer machten und ihm zur Mitgliedschaft in gesetzgebenden Körperschaften verhalfen, waren schon damals offensichtlich.

In Klammern möchte ich anmerken, dass ich nicht gerade mit Schönheit gesegnet bin. Hinzu kommt, dass mein Äußeres an diesem ereignisreichen Morgen eher grotesk und zerzaust wirkte, und Sie werden verstehen, warum das forschende Auge des Anführers mich von den anderen auszeichnete.

„Bist du neu hier?", fragte er mich.

Ich habe diese Frage bejaht.

"Wollen Sie Zeitungen verkaufen?"

Auch hier die Bejahung.

„Hast du Geld?"

Nun ein überzeugendes Negativ.

Damals wie heute war unser Führer wortkarg. Am Ende unseres kurzen Interviews wurde ich auf einen Nickel „gepfählt", um meine erste Aktie Zeitungen zu kaufen, und wer Tim Sullivan kennt, weiß auch, dass ich nicht der Erste und auch nicht der Letzte war, den der Bowery-Staatsmann „gepfählt" hat.

Er stellte mir nicht nur mein Betriebskapital zur Verfügung, sondern brachte mir auch ein paar Tricks bei und riet mir, meine fünf Pennys in nur eine einzige, die meistverkaufte Zeitung der Zeit, zu investieren.

Somit war ich weniger als zwölf Stunden, nachdem ich mein Zuhause verlassen hatte, das mehrere Jahre lang mein Zuhause gewesen war, vollständig als Zeitungsverkäufer tätig.

Dann begann das übliche Leben der „ Zeitungsjungen ", die, wenn sie Glück hatten, aß und „schlief", und, wenn sie Pech hatten, „irgendwie durchkamen". Diesem Geschäft blieb ich über zehn Jahre treu.

Das Leben auf der Straße war mir überhaupt nicht zuwider. Meine Kindheit war voller Bitterkeit gewesen, kindlicher Bitterkeit, und ich hatte ein dumpfes Verlangen, die Welt im Allgemeinen meine Rache dafür spüren zu lassen, dass man mich so unfreundlich behandelt hatte. Was auch immer an guten Eigenschaften in mir gewesen war, verwandelte sich schnell und bereitwillig in Boshaftigkeit. Dies half mir, ein führendes Mitglied unserer Jungenbande zu werden.

Unter uns gab es niemanden, der so vollkommen verwaist war wie ich. Die Waisen hatten wenigstens noch ihre Erinnerungen. Ich hatte nicht einmal diese.

In seltsamen, emotionalen Momenten ließ der eine oder andere seine Gedanken zu einem noch immer geliebten und verehrten Vater oder einer Mutter schweifen oder gestand, zu einem sicheren Zeitpunkt in sein früheres Zuhause geschlichen zu sein, um einen Blick auf die verlorenen Annehmlichkeiten zu werfen. Ich begrüßte diese Hinweise und Tagträume meiner Kollegen, aber nur, weil sie von mir als Vorwand genutzt wurden, um meine Brutalität gegenüber denen anzuwenden, die sie geäußert hatten.

Hier muss eine Frage gestellt werden, eine ganze Reihe von Fragen. Warum habe ich das getan? War es, weil ich von Natur aus bösartig war, oder weil ich durch meine Wildheit ein gewisses Nagen in meinem Herzen ersticken wollte? Das letzte vielleicht, eine seltsame Schlussfolgerung; aber in Jahren war ich noch ein Kind, und wenn ein Kind in seinem Leben nur wenig hat, das es lieben kann, und dieses Wenige aus seinem Leben genommen wird, kann es sich in einen wahren kleinen Dämon verwandeln. Diejenigen, die ich für meine Eltern gehalten hatte, erwiesen sich als nichts weiter als wohltätig gesinnte Fremde; dass das, was ich für mein Zuhause gehalten hatte, nur ein Zufluchtsort war , und meine kindliche Logik sah darin einen ausreichenden Grund, diejenigen zu beneiden, die all dies hinter sich hatten, und diesem Neid auf die wildeste Weise freien Lauf zu lassen.

So war mein Leben als Zeitungsjunge. Ich war gefühllos genug, um alle Härten ohne Murren zu ertragen. Ein Ehrgeiz packte mich. Ich wollte eine Macht unter den Zeitungsjungen sein. Ich wollte respektiert oder gefürchtet werden. Da es mir egal war, was von beidem, gelang mir Letzteres auf Kosten des Ersteren. Die Helden der Zeitungsjungen sind immer Männer, die ihre Berühmtheit ihrer körperlichen Stärke verdanken. Als Vorbilder wählte ich die bekanntesten Kämpfer der damaligen Zeit.

Wie bei allen anderen „Geschäftsleuten" herrscht auch unter Zeitungsjungen heftige Rivalität und Konkurrenz. Der einzige Unterschied besteht darin, dass die Jungen am häufigsten die primitivste und direkteste Methode anwenden, um Streitigkeiten beizulegen. Manche Männer suchen nach großen Sorgen oder Enttäuschungen das Vergessen im Kampf, da ihnen ihr endgültiges Schicksal völlig gleichgültig ist, und sie sind immer gute Kämpfer. Meine Lage war nicht ganz anders als ihre. Das wenige, was ich an Geborgenheit und Zuneigung gekannt hatte, lag hinter mir; meine damalige Lebensweise hatte für mich keinen besonderen Reiz, und mein einziger Ehrgeiz war der Sieg durch Kampf, und deshalb war ich ein guter Kämpfer.

In all diesen langen Jahren kann ich mich an nicht mehr als einen Vorfall erinnern, der die sanfteren Gefühle meines Herzens berührt hat.

Ein Neuankömmling, ein blauäugiger, hellhaariger kleiner Kerl, war zu uns gekommen und wurde von mir sofort zu meinem Lieblingsopfer erwählt. Gewisse Spuren von Vornehmheit waren bei ihm erkennbar und das gab mir viele Gelegenheiten, ihn dem Gespött unserer erlesenen Bande junger Raufbolde auszusetzen. Ich hasste ihn, ohne zu wissen, warum.

Eines Tages sah ich ihn an der Ecke von „The Row" stehen und seine Waren mit dem unprofessionellen Ausruf anbieten: „Bitte, wollen Sie nicht eine Zeitung kaufen?"

Das war eine herrliche Gelegenheit, ihm einen Tritt gegen eines seiner Schienbeine zu verpassen und so etwas von meinem Hass abzulassen. Heimlich schlich ich mich von hinten an ihn heran und wollte gerade meinen Fuß auf die Reise schicken, als zwei mütterlich aussehende Frauen anhielten, um bei dem „Engel" eine Zeitung zu kaufen. Im Leben auf der Straße schärft sich der Verstand schnell, und ich erkannte sofort, dass mein geplanter Angriff, wenn die beiden Damen ihn miterlebten, einen Sturm der Entrüstung hervorrufen würde.

Ich wechselte sofort die Front und bemühte mich, den Eindruck zu erwecken, mein hastiges Herangehen sei durch den Wunsch motiviert gewesen, eine Zeitung zu verkaufen.

„ Kacka , meine Damen, Kacka ", rief ich, aber es wurde kaum beachtet.

Der „Cherub" beanspruchte ihre ganze Aufmerksamkeit.

"Was für ein hübscher Junge!", rief einer. "Hast du kein Zuhause, keine Eltern? Schade, schade!"

All dies wurde von mir zur Kenntnis genommen und registriert, um später mit dem Empfänger so vieler Freundlichkeiten darüber zu rechnen.

Mein Herz zitterte vor bitterer Säure.

„Ich nie, ich nie!" und das Elend vieler liebloser Jahre klang wie ein Wehklagen in meiner Seele.

Gerade als die Frau, die gesprochen hatte, meinem Sündenbock einen Zehncentstück geben wollte, drehte sich ihre Begleiterin zufällig um und sah mich.

„Oh, schau dir nur den anderen armen Kerl an."

Der Ausruf war berechtigt. Ich war ein Hingucker. Allerdings verdankten meine zerschlissenen Kleider und mein zerkratztes Gesicht ihren erbärmlichen Zustand nicht Entbehrungen, sondern dem vielen „Abwracken".

Wieder sprach sie.

„Hier, armer Junge, hier ist ein Penny für dich."

Mit einem leichten Klaps auf meine schmutzige Wange und einem der sonnigsten Lächeln, die ich je gesehen habe, war sie verschwunden, bevor ich realisieren konnte, was passiert war. Da stand ich, mit einem Penny in der Hand, träumte und streichelte die Wange, die sie berührt hatte, und fragte mich, warum sie das getan hatte.

Irgendwie hatte ich das Gefühl, wenn sie zurückkäme, hätte ich einfach zu ihr sagen können: „Sagen Sie, Lady, ich habe nicht viel zu geben, aber ich gebe Ihnen alle meine Münzen und meine Pennies und mein Messer, wenn Sie das nur noch einmal sagen und tun."

Auch der „Engel" profitierte von dieser kleinen Berührung der Natur. Ich vergaß, ihn in dieser Nacht zu treten und zu misshandeln.

Ich hatte nichts Zwerghaftes an mir und mein Temperament ließ mich die vielen „Schnipsel", die zum Alltag eines Straßenarabers gehören, genießen .

Park Row wurde und wird von den weniger bekannten Persönlichkeiten der Sportwelt besucht. Unsere Jungenkämpfe wurden nicht in der Abgeschiedenheit, sondern überall ausgetragen. Da ich ein ständiger Teilnehmer dieser „Wettkämpfe" war und fast täglich aufgefordert wurde, meinen klingenden Titel „Newsboy Champion of Park Row" gegen neue Anwärter auf diese Ehre zu verteidigen, wurden ich und meine Kampfarbeit den „Sportlern", die von den Zuschauern am meisten interessiert waren, bald vertraut.

Ich war von großer Statur, mein Gesicht hatte die Form eines Bulldoggen, meine Muskeln waren stark, meine Konstitution durch mein Leben im Freien bei jedem Wetter gestählt und ohne dass ich es wusste, wurden meine Fortschritte in der Kunst des Faustkampfs gespannt beobachtet, in der Hoffnung, in mir einen neuen „Unerwarteten" für den Siegerring zu entdecken.

Unter den Männern, die meine Fortschritte im Boxen verfolgt hatten, befanden sich so berühmte Sportler wie Steve Brodie, Warren Lewis, „Fatty" Flynn, „Pop" Kaiser und andere von ähnlicher Prominenz. Im Lauf der Zeit machte man mir Angebote. Ich wurde von mehreren drittklassigen Boxern „ausprobiert" und verabschiedete mich vom Leben als Zeitungsjunge, um mich als vollwertiger Boxer zu entfalten.

höhere Ambitionen entwickelte . Es war die Zeit der kleineren Geldbörsen und der vielen Kämpfe, und ich beschloss, oft zu kämpfen, um schnell Geld anzuhäufen. Ich hatte keine genaue Vorstellung, warum ich so fieberhaft Geld anhäufen wollte. Ich hatte ein schwaches Verlangen *danach*, viel Geld zu haben, das Gefühl, ein Bündel Geldscheine zu besitzen, und da dies der einzige Weg war, der mir zu diesem Ziel offen stand, wollte ich ihn unbedingt beschreiten.

Das war mein Ehrgeiz im Alter von siebzehn Jahren, dem Alter, in dem sich Jungen darauf vorbereiten, Männer im wahrsten Sinne des Wortes zu werden. Meine Kindheit, trostlos wie meine Kindheit, schloss sich ohne einen Anflug von Bedauern hinter mir. Ich strebte nach dem, was mir in den Sinn kam, und meine Bestrebungen bedeuteten nichts weiter als Erniedrigung.

KAPITEL IV.

ICH LEBEN DURCH MEINEN MUSKEL.

Die männliche Kunst der Selbstverteidigung, wie sie damals praktiziert wurde , war weder durch Gesetze noch durch Verfeinerungen eingeschränkt. Trotz all dieser Freiheiten war ich jedoch zu brutal, um ein erfolgreicher Preisboxer zu werden. Mein Sponsor in diesem Sportlerleben merkte bald, dass ich ein gewalttätiges Temperament hatte.

Immer wieder wurde ich mit Männern zusammengetan, die mir körperlich nicht ebenbürtig waren, und verlor dann gegen sie. Es war sinnlos, mir das Argument zu vermitteln, dass diese Kämpfe nur geschäftliche Verpflichtungen seien, so wie das Spielen einer Rolle durch einen Schauspieler.

Ich verstand alles, was mir erklärt wurde, vollkommen und befolgte meine Anweisungen zwei, vielleicht drei Kampfrunden lang, vergaß dann aber alles, die Regeln, Zeitbegrenzungen und alles andere, um mit tödlicher Entschlossenheit „loszulegen", um meinen Gegner um jeden Preis zu besiegen.

Während meiner kurzen Karriere als Boxer traf ich nur einen Mann, der das gleiche brutale Temperament hatte wie ich – Tommy Gibbons aus Pittsburgh – und wir lieferten uns viermal einen Kampf.

Gibbons war im gleichen Alter wie ich und hatte sich den Ruf eines bösartigen Kerls erworben. Er war in seinem eigenen Staat noch nie besiegt worden, und die Förderer dieser „männlichen" Sportart waren bestrebt, ein bösartigeres Tier als ihn zu finden, um ihn zu besiegen.

Ich wurde für diese Mission ausgewählt.

Ein Papierhersteller, der noch immer in New York City Geschäfte machte, sah mich bei Probekämpfen „leistungsfähig" sein und ließ sich dazu überreden, das nötige Geld für meinen Teil der Börse „aufzubringen", und so wurden wir für einen Kampf in Pittsburgh zusammengebracht.

Wir brachten einhundertvierzig Pfund auf die Waage.

Diese erste Begegnung dauerte 27 Runden. Die „Menschlichkeit" unserer Sekundanten und Unterstützer hinderte uns daran, weiter zu gehen. Unser körperlicher Zustand war der Grund für diese „Menschlichkeit".

Wir waren blutverschmiert, aber das allein hätte nicht ausgereicht, um den Kampf zu beenden. Ein gebrochener Arm, ein zerfetztes Ohr, eine Schnittwunde vom Auge bis zur unteren Wange waren Tommy Gibbons' Hauptverletzungen. Ich hatte mir zwei Daumen und eine Nase gebrochen, von kleineren Entstellungen gar nicht zu reden. Aber was war damit? Hatte unsere Leistung nicht der edlen Sache des Sports neuen Auftrieb gegeben? Waren die Herzen und Bestrebungen der „auserlesenen" Zuschauermenge nicht zu höheren Gefühlen angeregt worden?

Wir hatten uns so mannhaft verhalten, dass wir am Ring erneut gegeneinander antraten. Nach siebzehn Runden wurde ich aufgrund eines „Fouls" von Gibbons zum Sieger erklärt.

Wieder wurden wir gegeneinander antreten, diesmal nach den Londoner Preisringregeln, die unseren brutalen Instinkten mehr Spielraum ließen. Das Ergebnis war „unentschieden", aber erst, nachdem wir 43 Runden lang gegen die Blüte der Sportwelt angetreten waren.

Da man sich noch nicht darüber im Klaren war, wer von uns das größere Tier war, wurde ein weiteres Treffen vereinbart und ich hatte die stolze Ehre, aus diesem elf Runden dauernden Kampf als Sieger hervorzugehen.

Der arme Tommy Gibbons nahm sich seine Niederlage sehr zu Herzen. Sein Ansehen als Faustkämpfer war dahin und er geriet rasch in die „schlechte" Richtung. Er beendete sein arbeitsreiches Leben durch die Hand des Henkers und bezahlte damit die Strafe für einen der grausamsten Morde, die je begangen wurden.

Schade, dass solch ein vielversprechendes Licht in der Sportwelt ein so unrühmliches Ende finden muss!

Mein Geldgeber, der Papierfabrikant, der sich durch Mühe und Aufwand so sehr für den Sport eingesetzt hat, steht noch immer auf meiner Bekanntenliste. Er ist überaus respektabel, der Vater einer ihn anbetenden Familie, das Vorbild für ehrgeizige junge Männer, eine Stütze seiner Kirche, eine Macht im Geschäftsleben und zudem ein begeisterter Anhänger der männlichen Kunst der Selbstverteidigung, vorausgesetzt, das Exemplar davon ist nicht zu zahm.

Apropos der männlichen Kunst der Selbstverteidigung möchte ich meine persönliche Meinung zum Ausdruck bringen, dass es sich um eine verlorene Kunst handelt, wenn es überhaupt jemals eine Kunst war. In der ritterlichen Kunst des Fechtens ist Geschicklichkeit, kunstvolles Geschick, erforderlich und muss erworben werden. Nicht so beim Boxen; zumindest nicht in dieser Sparte des Boxens, die nur des Geldes wegen ausgeübt wird . Männer, die für einen „Endkampf" in den Ring steigen, werden nicht von dem Wunsch getrieben, eine geschickte Boxvorführung zu geben. Ihr einziger Wunsch — wenn der Kampf „auf Augenhöhe" verläuft — ist es, ihren Gegner irgendwie und so schnell wie möglich „auszuschalten" und ihren Teil der Börse so schnell wie möglich einzustreichen. Ich habe in meinem Leben so viele Kämpfe erlebt, aber nie einen, bei dem keine „Fouls" vorgebracht wurden.

Ist es nicht logisch anzunehmen, dass führende Vertreter ihrer Kunst in der Lage sein sollten, diese vorzuführen, ohne auf üble Mittel zurückzugreifen?

Obwohl ich schon eine gewisse Art von „Körperkulturunterricht" gegeben habe, weiß ich nur wenig darüber, wie Boxunterricht in Akademien und angesehenen Fitnessstudios abgehalten wird. Die Popularität dieser Sportart zeigt, dass der Unterricht zur körperlichen Perfektion beiträgt und den Männern beibringt, wie sie ihre Kraft am besten einsetzen können, wenn sie in die Verteidigung getrieben werden.

Dieses Prinzip wird von „Schlägern" nicht beachtet. Sie widmen dem Boxen weniger oder gar keine Aufmerksamkeit als dem Erlernen von Tricks ihres Fachs. Sportjournalisten können sich gerne über die Kunst von Fitzsimmons und Sullivan äußern, aber ich bin mir ziemlich sicher, dass ein oder mehrere wirksame Tricks die eigentliche Triebfeder für den Ruf vieler Boxer sind.

Die Regeln des Preisrings sind fair und darauf ausgelegt, die Spieler vor unlauteren Methoden zu schützen. Aus genau diesem Grund sind alle erlernten Tricks – und es gibt viele und wirksame –, wenn nicht absolut unlauter, so nahe an der Trennlinie, dass der Unterschied fast gleich Null ist.

Aus der Landespresse erfahren wir, dass Preisboxer heutzutage beträchtliche Vermögen verdienen. Damals war das nicht der Fall, und da ich einen überraschend gesunden Appetit in einem gesunden Körper habe, verzögerte der Kampfberuf leider die perfekte Entwicklung meines *Embonpoints* .

KAPITEL V.

ICH LEBEN MIT MEINEM VERSTAND.

Meine Kämpfe mit Tommy Gibbons und anderen hatten mir zwar etwas Geld eingebracht, aber ich hatte so viele gesellschaftliche Verpflichtungen und so viele Feiern, dass ich nach einer kurzen Zeit des Überflusses immer völlig pleite war und meinen „Verstand" gebrauchen musste, um meinen Lebensunterhalt zu verdienen.

Die ganze Chatham Street – heute Park Row – und die Bowery waren voller „Sporthäuser", die Männern meiner Klasse Möglichkeiten boten. An vielen dieser Orte war Boxen die wahre oder angebliche Attraktion.

Auf einer erhöhten Bühne sorgten jeden Abend drei bis sechs Boxer- und Ringerpaare für Unterhaltung in einem Saal voller alberner Männer und – leider! – Frauen. Der wahre Zweck dieser Zusammenkünfte muss hier unerwähnt bleiben, aber wir müssen festhalten, dass all diese „Sporthäuser", diese Höllen der schwärzesten Ungerechtigkeit, von sogenannten Staatsmännern, Patrioten, Politikern, viele von ihnen Gesetzgeber, oder auch von ihren Galionsfiguren geleitet wurden.

Die Aushängeschilder wurden mit großer Sorgfalt ausgewählt. Um stellvertretender Eigentümer eines „Sportvereins" zu werden, musste man einen Ruf haben, der ausreichte, um diese besonders alberne und morbide Menge von *Stammgästen anzuziehen* . Einige dieser Persönlichkeiten machten sich im Preisring einen Namen, so zum Beispiel Frank White, Manager des Champion's Rest am Bowery, zwei Türen nördlich der Houston Street , Billy Madden, Mike Cleary und andere „prominente" Preisboxer. Einige von ihnen, wie Billy Madden und Frank Stevenson, machten sich später als Unterstützer von Boxern, Versicherungsagenturen und Glücksspielhäusern selbstständig.

Auch der Ruf, den man sich im Gefängnis erworben hatte, wurde als Qualifikation anerkannt, und „Fatty" Flynn, Billy McGlory , Tommy Stevenson, Jimmy Nugent, der durch den Banküberfall in Manhattan berühmt wurde, und andere ehemalige Gefängnisinsassen verdankten ihre große Popularität und ihr Vermögen ihrer Zeit hinter Gittern. Eine isolierte Position von besonders glänzendem Glanz wurde akzeptabel von dem berühmten Mr. Steve Brodie besetzt, dem Brückenspringer und größten „Falsch" und Betrüger der Zeit.

An Orten, wo Boxen nicht die Attraktion war, wurden die abscheulichsten Leidenschaften der menschlichen Natur vergeblich von bemalten Sirenen angestachelt, die durch Erfahrung und Zwang ihrer Arbeitgeber in ihrer schlauen Boshaftigkeit perfekt geworden waren. Vor diesen „Kneipen" –

häufig „Bulking Houses" genannt – hingen in grellster Anordnung grelle Plakate, die die Vergnügungen darin schilderten.

komplettierten eine Reihe von Tanzlokalen, insbesondere Billy McGlorys Armory Hall und „Fatty" Flynns Lokal in der Bond Street , die damalige Prahlerei, New York City sei eine „weit offene Stadt" und der „einzige Ort auf der Welt, an dem man leben könne".

Für jemanden, der an die Umgebung gewöhnt war, war es nicht sehr schwierig, dort mit seinem „Verstand" „seinen Lebensunterhalt zu verdienen".

Jeder, dem eine kurze Anstrengung nichts ausmachte, konnte in den „Sporthäusern", wo Boxen die Spezialität war, immer eineinhalb bis zwei Dollar für das „Anziehen der Handschuhe" bekommen. Andere, die weder die Ausbildung noch die Neigung hatten, an diesen „Wettkämpfen" teilzunehmen, arbeiteten als Kellner – „Bierausschenker" – und fanden dies lohnender, wenn auch langweiligere Arbeit.

Es scheint eine ausgeprägte Eigenart der Leute zu sein, die diese „Spelunken" und „Kneipen" besuchen, dass sie ihre kleine Portion Intelligenz an der Tür abgeben. Männer, die in ihrem täglichen Beruf ziemlich aufmerksam und aufmerksam sind, lassen sich von den durchsichtigsten Tricks der „Bierausschenker" betrügen.

Wenn man diesen Typen eine Rechnung für Getränke gibt, ist das eine Einladung, mit einem zu experimentieren. Überhöhte Preise, „Palming" – eine Münze in der Handfläche zwischen Daumenballen und Handfleisch halten – „ Flimflamming " – eine Banknote in mehreren Stücken verdoppeln und jedes Ende als eine einzelne Banknote zählen – sind die am häufigsten angewandten Betrugsmethoden. Wenn einer dieser Tricks fehlschlug, wurde das Geld entweder einbehalten oder mit Gewalt weggenommen und das Opfer – der „Trottel" – als „Ordnungsstörer" auf die Straße geworfen.

Das waren die Herrlichkeiten der „offenen Stadt".

Obwohl ich in der Welt der Boxer eine anerkannte Größe war, war ich mir nicht zu schade, gelegentlich in diesen Resorts zu arbeiten, und das half mir, mir einen neuen Ruf aufzubauen. Ich arbeitete an diesen Orten nicht zu Studien- oder Beobachtungszwecken, aber meine Verachtung für die Gäste dieser „Lokale" wuchs mit jeder Nacht.

Männer, deren Namen ich mit Ehrfurcht gehört und erwähnt hatte, Männer, deren Position und Stellung ein Garant für jede erdenkliche Qualität hätten sein sollen, kamen dorthin, nicht nur einmal, sondern Nacht für Nacht, um sich an dem scheinbar harmlosen Zeitvertreib namens „Slumming" zu erfreuen – um „Spaß" zu haben.

Eine „gute Zeit" inmitten moralischen und physischen Schmutzes; eine „gute Zeit" in der Gesellschaft von Knastbrüdern, gefallenen Männern und Frauen; eine „gute Zeit" des schlimmsten Egoismus, denn immer und immer wieder habe ich dort Männer gesehen, für deren Ausbildung ich gerne Jahre meines Lebens geopfert hätte und die mit einem Wort des Mitgefühls oder der Ermutigung die erlöschende Flamme der Hoffnung und des Selbstrespekts in einem Mitmenschen hätten neu entzünden können, aber dieses Wort wurde nie ausgesprochen, weil es Zwietracht in die „gute Zeit" gebracht und die krächzende Melodie, die der Chor menschlichen Abschaums zum Lob ihres Gastgebers – der „Sightseer" – des Abends anstimmte, durcheinandergebracht hätte!

Ein herrlicher Sport, dieses „Sightseeing", diese „guten Zeiten", wenn Männer von „Ansehen" und Position mit hämischen Augen alles Niederträchtige betrachten und die Unglücklichen einer Großstadt ansehen, als wären sie seltsame Tiere, Missgeburten in Menschengestalt. Dass fast jedes Lebewesen in diesen „Spelunken" und „Kneipen" eine Nische in der Nützlichkeit der Welt oder ein Zuhause hinterlassen hat, zu dem seine oder ihre täglichen Gedanken zurückkehren, wird vom „Sightseer" nicht berücksichtigt. Im Zirkus mag man keine unangenehmen Betrachtungen.

„Divedom" ausmachen , aber wie steht es mit den Vertretern der Ehrbarkeit, die zu ihnen kommen, um ihre „schöne Zeit" mit ihnen zu verbringen?

Wenn ich die Namen der Männer nennen dürfte, die ich mit dem furchtbarsten Gesindel verkehren sah, würden Sie die Achseln zucken und sagen: „Das kann ich von denen nicht glauben." Doch ich lüge nicht.

Es besteht kein Grund zu lügen und es gibt viele Belege, nicht zuletzt das Gewissen dieser Männer.

Wir möchten, dass Sie – Sie angesehene Männer und Frauen – in diese „Spelunken" kommen, aber wir möchten, dass Sie aus einem anderen Grund kommen. Sogar in diesem Moment gibt es Spielraum für Ihre Bemühungen, trotz aller Verwaltungswechsel und christlicher Bemühungen für diesen Teil der Stadt. Die Ausrottung des Lasters wird energisch vorangetrieben, aber das Laster ist eine sprichwörtlich hartnäckige Krankheit.

Erst vor ein paar Nächten wurde ich Zeuge einer Szene in einem weithin bekannten Ungezieferloch, aus dessen Türen ein stank, den ich in meiner Beschreibung nur andeuten kann.

An einem der Tische saß ein junger Mann, ein kleiner Junge, den der schlaue „Marktschreier" an der Seitentür in das schmutzige Loch gelockt hatte. Der Junge schien vom Land zu kommen, seine rötliche Gesichtsfarbe und seine „Ladenkleidung" wiesen darauf hin. Das Getränk, das man ihn hatte kaufen müssen, stand unverbraucht vor ihm. Ohne Angst blieb er hellwach und ärgerte sich über alle Annäherungsversuche, die man ihm unterbreitete. Aber er sah zu sehr wie ein leichtes Opfer aus, um der üblichen Prozedur zu entgehen.

Ehe er es bemerkte, ließ sich eine Frau auf den Stuhl gegenüber des Tisches fallen. Der zahnlose Kerl war mindestens über fünfzig Jahre alt und nahm die Koketterie eines jungen Mädchens an.

Das graue Haar, ohne Kamm oder Schleife, fiel ihr in wirren Strähnen auf die Schultern. Die Vorderseite ihres Kleides war aufgeknöpft. Dennoch wiegte diese Hexe tiefster Verderbtheit ihr Lorelei-Lied in den Schlaf und hoffte, den Blick des Jungen – der vielleicht jung genug war, um ihr Enkel zu sein – mit dem Grinsen ihrer trüben Augen zu fesseln.

Ich wage es nicht, Ihnen die Grausamkeit dieser Szene zu beschreiben, und selbst wenn ich es wagte, könnte ich es nicht. Und doch war sie nur ein Detail in dem größeren Schauspiel, der „guten Zeit", die allabendlich von Tausenden der „besseren " Klasse gesehen und genossen wurde.

Die Vorboten des schließlich einsetzenden Sturzes des „offenen" Lasters machten sich während einiger der wichtigeren Wahlen bemerkbar, und in den Wochen vor dem Wahltag erging der Ukas der geheimnisvollen verborgenen Mächte: „Bleiben Sie für eine Weile unauffällig."

Diese Zeit der Beschränkungen war zwar nicht willkommen, brachte aber für uns, die „Sportler" der Bowery, keine großen Härten mit sich. Wenn das Gebrüll des keuchenden Kornetts und das Getrommel des Klaviers für eine Weile verstummen musste, gab es andere Kanäle, in denen die Dienste der Männer, denen das egal war, in Anspruch genommen werden konnten.

Eine der florierendsten Branchen war das Vertrauensspiel in seinen vielen Formen.

„Ach, alle ‚leichten Opfer' gehen jetzt zum Tenderloin", rufen die wenigen verbliebenen Bowery-Arbeiter. Damals war es anders.

Die Bowery war vom Atlantik bis zum Pazifik für das, was sie zu bieten hatte, berühmt. Jeden Tag wurde eine neue Ladung Lämmer auf dieser Straße der Dummen und Elenden abgeladen, um von den hoffnungsvollen Wölfen gefressen zu werden. Das anerkannte Hauptquartier der Wölfe befand sich an der Ecke der Pell Street .

Einige wenige unter ihnen waren einigermaßen gebildete und kultivierte Männer, die meisten jedoch waren struppige Grobiane, die sich in ihrer feinen Kleidung, dem Sinnbild ihres Berufs, unwohl zu fühlen schienen.

Um an das Geld des Fremden zu kommen, wurden viele Mittel eingesetzt.

Seeleute, Einwanderer, Bauern und Kaufleute aus anderen Städten wurden auf die angemessenste Weise angesprochen, in der Regel durch die Behauptung, sie seien früher einmal bekannt gewesen. Um die Erneuerung ihrer alten Freundschaft zu feiern, war es notwendig, in die nahegelegene Kneipe zu gehen. Hier durfte der Fremde, der „ wiedergefundene alte Freund", keinen Cent seines Geldes ausgeben – „Liebling, nein, Sie sind mein Gast."

Nächster Schritt: Zu den beiden wiedervereinten Freunden – dem Wolf und dem Lamm – gesellt sich ein dritter – „ein alter Freund von mir", sagt der Wolf.

Der Neuankömmling singt eine der vielen Variationen des alten, alten Themas. Er hat gerade bei einem Spiel, bei dem niemand verlieren kann, viel Geld gewonnen; oder er hat ein Telegramm, das zweifelsfrei verspricht, dass ein bestimmtes Pferd an diesem Tag gewinnen wird; oder er hat einen Hundertdollarschein, den er umtauschen möchte; oder er ist pleite und bietet seine gesamten Schmuckstücke, Uhren, Ohrstecker und Ringe, von denen jeder mit feuerspeienden Juwelen blitzt, für die läppische Bagatelle von fünfzig Dollar an; oder er bietet an, auf ein mechanisches Trickspielzeug in seinem Besitz zu wetten, ein Trickportemonnaie oder eine Schnupftabakdose, und verliert jede Wette an den Wolf – aber nicht an das Lamm; oder er bietet an, Wolf und Lamm beide in eine „richtige Kneipe" zu führen, und spielt damit auf die schönen Sehenswürdigkeiten an, die es dort zu sehen gibt, was in Wirklichkeit ein Glücksspiel ist, bei dem man „niemals verliert" .

Sollte sich das Lamm als unempfindlich gegenüber all diesen Versuchungen erweisen, wird als äußerst wirksames Stärkungsmittel die wohltuende Mixtur „K.O.-Tropfen" angeboten.

Manchmal passiert dabei ein Fehler und das Lamm „purzelt ins Wild", bevor es geschoren wird. Das ist völlig gegen die Regeln der Branche und kann nicht ohne Tadel geduldet werden. Daher war die Betrugsindustrie immer bereit, ihre Lehrlinge aus der Klasse zu rekrutieren, in der Muskelkraft und Brutalität die einzigen Qualifikationen waren.

Andere Industriezweige, die heute stark rückständig sind, waren die „Sägemehl-", „Grünwaren-" und „Goldbarren"-Spiele. All diese Spiele waren für alle sehr unterhaltsam und für manche sehr profitabel. Außerdem gaben sie in ihren unteren Stufen und technisch gesehen im Rahmen des Gesetzes vielen jungen Männern Arbeit, die, wie ich, nicht bereit waren, ihre Kraft in ehrenhafterer Beschäftigung einzusetzen und es vorzogen, die Sklaven krummer Herren und Betrügereien zu sein.

Dies waren jedoch nicht alle Möglichkeiten, mit denen ein bekannter Schlägertyp ehrliches Geld verdienen konnte. Zu unserem „Treffpunkt", der immer eine große Anzahl erlesener Geister beherbergte, kamen häufig Boten, die eine Quote für irgendeine zweckmäßige Mission forderten. Wir waren die „Landsknechte" der damaligen Zeit, bereit, jedem Herrn gegen Bezahlung zu dienen, ohne die Ethik der Sache zu hinterfragen.

Wahlkämpfe in dieser und anderen Städten sorgten für viel Beschäftigung. Captain B—— aus Hoboken, ein berüchtigter „Guerilla"-Chef, war ein häufiger Arbeitgeber. Während eines hitzigen Wahlkampfs in einer kleinen Stadt in der Nähe von Baltimore schickte er fünfzig von uns an den Ort des Geschehens, um „bei der Wahl seines Gönners zu helfen". Fünf „Bowery-Gentlemen" in grober Kleidung wurden in der Nähe jedes zweifelhaften Wahllokals postiert und brachten Wähler, die ihrem jeweiligen Herrn gegenüber unfreundlich waren, irgendwie dazu, sich von den Wahlurnen fernzuhalten.

Lokale Vorwahlen und Versammlungen, unabhängig von der politischen Ausrichtung, könnten es sich niemals leisten, ohne uns auszukommen. Heute würden wir gegen die Männer kämpfen, die uns morgen dafür bezahlen würden, den Spieß gegen unsere Herren von gestern umzudrehen.

Dennoch waren wir unseren zeitweiligen Chefs gegenüber loyal. Wir boten unsere Stärke und Brutalität auf dem freien Markt an. Wir verlangten einen Preis, und wenn er bezahlt wurde, taten wir unsere „Arbeit" mit einer Treue, die einer besseren Sache würdiger wäre. Dass dies so war, wird durch die Tatsache bewiesen, dass nicht nur John Y. McKane , der „Zar von Coney Island", seine Polizeikräfte aus unseren Reihen rekrutierte, sondern auch angesehene Unternehmen wie die Iron Steamboat Company und andere Männer unserer Klasse engagierten, um an bestimmten Posten für Ordnung und Frieden zu sorgen.

Zahlreiche Eisenbahngesellschaften und Detekteien baten uns während Streiks um Unterstützung beim Schutz ihres Eigentums und ihrer Zeitarbeitskräfte, doch aus dem einen oder anderen Grund wurden diese Angebote nie gierig angenommen.

Zu den übrigen nicht aufgeführten Beschäftigungen gehören Billard und Karten. Damit meine ich nicht die absoluten Experten dieser Spiele, die herumlungerten, um ahnungslosen Fremden Geld abzujagen. Viele der „ehrlicheren" Kneipen am Bowery hatten nichts dagegen, eine Menge Leute dort zu haben, die gute Billard- oder andere beliebte Kartenspiele spielten. Wenn sie zufällig ein Spiel verloren, kam der Besitzer für den Verlust auf und gab ihnen, wenn sie außerordentlich viel Glück hatten, einen Prozentsatz der Spieleinnahmen.

Es ist ziemlich schwierig, alle verschiedenen Möglichkeiten aufzuzählen, mit denen ein Mann, der von seinem „Verstand" leben musste, auf der Bowery seinen Lebensunterhalt verdienen konnte. Es gab viele und unterschiedliche Möglichkeiten. Ein Sprichwort der damaligen Zeit besagte, dass ein Mann damals nur sein „Treffpunkt" für eine Stunde verlassen musste, um mit genügend Geld zurückzukehren, um seine Ausgaben für den Tag zu decken.

KAPITEL VI.

IM ZEICHEN VON CHICORY HALL.

Ich habe mehrmals „Treffpunkt" erwähnt. Die meisten dieser „Treffpunkte" waren Kneipen der besseren Klasse, aber der echte Bowery Bohemian wählte seltsame Orte für seine Treffpunkte. Der einzigartigste Treffpunkt in dieser Bohème der Unterwelt war Chicory Hall, wo sich meine spezielle Clique niedergelassen hatte.

Es war ein Keller an der Ecke Fourth Street und Bowery. Ursprünglich war es eine Bäckerei, die einige Zeit leer stand, bis ein Kaffeehändler sie mietete, um dort seinen Chicorée zuzubereiten. Ein Mann stellte die gesamte Belegschaft der Fabrik dar, und es traf sich, dass Tom Noseley , der Chicorée-Bäcker, eine sportliche Vorliebe hatte.

Vergessen wir nicht, dass der Preisboxer damals für die Jugendlichen der East Side ein bedeutender Mann war. Einen Boxer zu kennen, mit ihm gesprochen zu haben, ihm die Hand geschüttelt zu haben, war ein unvergessliches Erlebnis.

Tom Noseley war ein sehr junger Mann. In unmittelbarer Nähe seines Kellers befanden sich viele „Sporthallen". Tom Noseley verdiente 18 Dollar pro Woche. Was ist natürlicher, als dass jemand mit einer Neigung zum Sport ein begeisterter Stammkunde von „Sporthallen" wird?

Tom Noseley wollte einige bekannte Boxer zu seinen Bekannten zählen. Einige bekannte Boxer, darunter auch ich, nahmen ihm seine zahlreichen Einladungen zum Trinken nicht übel, und bald schien Noseleys Traum vollständig in Erfüllung zu gehen, denn wir willigten nach langem Zureden ein, in seinem Keller vorbeizuschauen, um die angenehme Aufgabe zu übernehmen, „den Growler zu stürmen".

Unser erster Besuch im Keller überzeugte uns von seinen vielen Attraktionen. Es schien genau der richtige Ort für einen „Abend". Und dann war da noch Tom Noseleys wöchentliches Gehalt von 18 Dollar, das er bis auf den letzten Cent für die „Förderung des Sports" ausgeben wollte.

Tom Noseley war ein Jäger von Bowery-Löwen. Mir wurde erzählt, dass in höheren sozialen Schichten verschiedene Löwen von verschiedenen Jägern gejagt werden. Dennoch unterscheiden sich die Arten nicht sehr voneinander.

Männer, die eine lange Gefängnisstrafe abgesessen hatten; Männer, die den Ruf der Unehrlichkeit hatten; Männer, von denen man wusste, dass sie ihren Lebensunterhalt verdienten, ohne dafür auf die schändliche Art und Weise arbeiten zu müssen – all das waren Noseleys Marotten . Dann entbrannte der

Sportsgeist der Bowery mit großem Gepolter, und Noseley schloss die armen, arbeitsscheuen Boxer für den Augenblick in sein Herz.

Wir nannten den Keller „Chicory Hall" und schafften es schnell, ihn bekannt zu machen.

Der Keller bestand aus zwei großen Räumen. Von der Fourth Street führte ein Dutzend Stufen hinunter zur Bäckerei. Vier kleine, mit undurchdringlichem Schmutz verschmutzte Fenster ließen auf die Anwesenheit von Licht schließen. Sonnenlicht oder bewölkter Himmel fanden dort keine Spur. Nachts verlieh eine schwache Gasflamme dem schmutzigen Loch eine Art humorvolle Unheimlichkeit.

An die Bäckerei grenzte ein dunkler Raum von der gleichen Größe wie der erste Raum, der als Lagerraum für die Kleiesäcke diente, die in der Chicorée-Fabrik verwendet wurden. Kurz nachdem wir unser Hauptquartier in Chicory Hall eingerichtet hatten, wählten wir den Lagerraum als Schlafkammer und machten aus den schweren, schmutzigen Säcken unhandliche Sofas.

Natürlich hatten wir Annehmlichkeiten, ein „Vorderzimmer" und ein „Schlafzimmer", was konnten wir uns mehr wünschen? Und wir schätzten es. Habe ich nicht selbst zehn ganze Tage und Nächte in Chicory Hall verbracht, ohne es jemals zu verlassen?

Aber obwohl Tom Noseleys 18 Dollar pro Woche, die er mit seiner gelegentlichen Arbeit als Chicorée-Bäcker verdiente, nicht zu verachten waren, da sie den wesentlichen Kern unserer Kasse bildeten, reichten sie nicht aus, um etwa sechs arbeitsfähige Preisboxer mit ein wenig Essen und viel Trinken zu versorgen. Zum Stammpersonal gehörten Jerry Slattery, der Limerick Terror; Mike Ryan, der Montana Giant; Tom Green und sein Bruder Patsy Green; Charlie Carroll und ich.

Am Samstag, Tom Noseleys Zahltag, riefen zwei oder drei Mitarbeiter ein Komitee aus, das unseren Gastgeber ins Büro begleiten und verhindern sollte, dass er in andere Hände fiel. Seine Rückkehr wurde mit einem Festmahl aus vielen Pfund rohem Hackfleisch und vielen Gallonen Bier gefeiert. Am Sonntagmorgen war die Kasse sehr leer, vielleicht gerade genug, um unsere niedergeschlagene und schmerzende Stimmung wieder aufzuhellen , indem wir mehrere Pints des übelsten Fuselöls kauften , das jemals hergestellt wurde und unter dem Namen Whiskey verkauft wurde.

Den Sabbat, den vom Meister bestimmten Ruhetag, verbrachten wir in stillem Frieden. Dass der Frieden eine Folge der turbulenten Heiterkeit der Nacht zuvor war und nicht dem Wunsch entsprang, nach göttlichen Geboten zu leben, ist nur ein Detail.

Zu Beginn unseres Aufenthalts in Chicory Hall folgte auf unser Fest am Samstag normalerweise eine Hungersnot bis zum Ende der nächsten Woche. Dies wurde durch eine glückliche Eingebung von „ Lamby ", einer Persönlichkeit aus der Gegend, etwas gemildert.

„ Lamby " – niemand kannte ihn unter einem anderen Namen – hatte ein geheimnisvolles Versteck und einen geheimnisvollen Schlafplatz, war aber vernarrt in unsere unterirdische Bohème und verbrachte seine gesamte Freizeit – die praktisch seine gesamte Zeit war, mit Ausnahme der Stunden, die er dem Schlafen widmete – mit den Rittern von Chicory Hall. Er war ein Junge von etwa siebzehn Jahren, über 1,80 m groß, mit einer piepsigen Stimme und voller höchst unerwarteter Ansichten und Ideen.

Es gab gute Seiten an „ Lamby ", wie an vielen Jungs von der East Side, die durch ihre Umgebung und Umstände in ein böses oder zumindest sinnloses Leben geführt werden. „ Lambys " Herz war größer als sein ganzer Kadaver. Sein Freund zu sein bedeutete, dass „ Lamby " es als seine Pflicht ansah, drei Viertel all seines zeitweiligen Besitzes für die Festigung dieser Freundschaft zu geben.

Ich lernte „ Lamby " unter ungünstigen Umständen kennen. Er war noch nicht wahlberechtigt. Das hinderte ihn jedoch nicht daran, die entschiedensten Meinungen zu politischen Persönlichkeiten und Prinzipien zu äußern. Während der Wahl, bei der ich ihn kennenlernte, machte „ Lamby " aus unbekannten Gründen höchst enthusiastisch Wahlkampf für den Kandidaten einer der Arbeiterparteien. Die Anhänger der Arbeiterpartei räumten ein, dass der betreffende Kandidat absolut keine Chance hatte, gewählt zu werden, und dass ihre gesamte Kandidatenliste nur als Propagandamittel im Rennen war, um den Weg für zukünftige Möglichkeiten zu ebnen. All dies hielt „ Lamby " nicht davon ab, den Arbeiter bei jeder Gelegenheit zu loben.

In einer seiner zahlreichen Grabreden stieß „ Lamby " auf einen Gegner eines Bezirksvertreters der örtlichen Organisation, der lachend anbot, jeden beliebigen Betrag darauf zu wetten, dass der vielgelobte Kandidat nicht fünfzig Stimmen erhalten würde. Dies erregte den Zorn des Arbeiterkämpfers.

"Sagen Sie mal", rief " Lamby " seinem Gegner zu, "Sie wissen, dass ich kein Geld habe, das ich wetten könnte, und deshalb wollen Sie so gern mit mir wetten. Wenn Sie ehrlich sind, sage ich Ihnen, was ich tun werde. Sie setzen Ihr Geld, und wenn Kaltwasser nicht gewählt wird, spreche ich einen Monat lang mit keinem Menschen."

Der Politiker nahm diese seltsame Wette an und wenige Wochen später wurde „ Lamby “ per eigenem Beschluss zu einem Monat Schweigen verurteilt.

Und „ Lamby “ redete gern!

Es war ein furchtbares Dilemma, aber es ist schon ein Job eines Bowery-Boys, sich aus der Patsche zu winden.

Auf einem seiner Streifzüge hatte „ Lamby “ Rags getroffen und war von der Ähnlichkeit in ihrem Aussehen und Wesen beeindruckt. Daher hatte er ihn sofort zu seinem Kumpel und unzertrennlichen Begleiter ernannt.

Rags war ein Köter von nicht näher bezeichneter Herkunft und Rasse. Seine langen, wackeligen und plumpen Beine konnten seinen langen, zottigen Körper kaum ausbalancieren, der mit einer strähnigen, kaleidoskopartigen Masse drahtigen Haars bedeckt war. Die Farbe von Rags Augen ließ sich nicht bestimmen, da die Ponyfransen seiner verfilzten Locken sie vollständig verdeckten.

Aus irgendeinem unerfindlichen Grund kam „ Lamby “ auf die Idee, dass der Gebrauch der unteren Extremitäten für Rags schädlich sein könnte, und so verbrachte der Mischling – der mit Sicherheit mindestens 50 Pfund wog – die meiste Zeit in den liebevollen Armen seines ihn anbetenden Freundes.

Die Gelegenheit, sich für die Ergebenheit seines Freundes zu revanchieren, indem er sich ihm nützlich machte, ergab sich für Rags während der Zeit, in der „ Lambys “ Zunge für einen Monat des Schweigens von ihrer Lieblingsfunktion abgehalten wurde. „ Lambys “ Versprechen, einen Monat lang mit keinem Menschen zu sprechen, wurde nie gebrochen, aber er fand einen Weg, sich Rags gegenüber in so lauter und deutlicher Stimme auszudrücken, dass niemand Schwierigkeiten hatte, dem Gesprächsverlauf zu folgen.

Der Plan war so einfallsreich, dass der Bezirkspolitiker die Wette für ungültig erklärte und „ Lamby “ einen Teil des Einsatzes überreichte.

An einem Montag, als das Fest vom Samstag nur noch eine süße Erinnerung war und die Hungersnot der Woche mit aller Macht eingesetzt hatte, saßen Tom Noseley und seine Freunde – darunter „ Lamby “ und Rags, die sich in eine schattige Ecke zurückzogen – trostlos in der trüben Dunkelheit von Chicory Hall.

„ Hat keiner von euch Jungs überhaupt Geld?“, fragte Jerry Slattery widerwillig.

Die Frage war zu absurd, um eine Antwort zu verdienen.

"Also, was sollen wir tun?", fragte der Limerick Terror weiter. "Ich habe furchtbaren Hunger und kann das nicht länger ertragen. Nichts zu essen und nichts zu trinken. Das ist schlimmer, als auf dem Land zwischen den Bauern herumzulungern. Wenn ich hier nicht bald etwas bekomme, gehe ich in die Bowery und schaue, ob ich nicht etwas auftreiben kann."

Die Ansprache ging kommentarlos an unseren Ohren vorbei. Weitere tiefe und dunkle Stille. Dann wandten sich alle dorthin, wo „ Lambys " einleitendes Husten einen monologischen Dialog ankündigte.

„Lumpen", begann der stumme Weise von Chicory Hall, „was würden Sie und ich tun, wenn wir hungrig wären und nicht so empfindlich, wie wir sind? Würden Sie und ich nicht in die Lafayette Alley gehen und uns die Hühner ansehen, die anscheinend niemandem gehören? Könnten Sie und ich sie nicht in Form eines dieser schönen Hühnereintöpfe mit viel Kartoffeln und Zwiebeln darin verwenden? Ist es nicht schade, dass Sie und ich zu empfindlich sind, um diesen Hühnern hinterherzujagen, und dass wir nicht sprechen dürfen, damit wir anderen Leuten sagen können, wie sie an eine Mahlzeit kommen, die sie zu Tode kitzelt?"

Tyrann " Lamby ."

In weniger als fünf Minuten schlich sich eine kleine, aber entschlossene Bande Plünderer durch die Lafayette Alley. Jeder der kräftigen Diebe versuchte, seinen großen Körper auf ein Minimum zu verkleinern. Die Allee endete in einem Weiler mit baufälligen Ställen hinter einer berühmten Badeanstalt. Tagsüber war der Ort verlassen, da alle Menschen und Tiere auf den Straßen waren und ihrem energiegeladenen Beruf des Hausierens nachgingen. Wie gesagt, der Ort war verlassen, bis auf die Hühner. Von unserem ersten Besuch an begannen die Hühner, jung und alt, zu verschwinden.

Über eine Woche lang haben wir Hühner gegessen. Wir aßen sie in allen bekannten Zubereitungsarten. Auf unserer Speisekarte standen gebratene, gebackene, geschmorte, gegrillte und fritierte Hühner. Doch eines Tages war von der Hühnerschar nichts mehr übrig, außer einem großen schwarzen Hahn.

Ich werde ihn nie vergessen, denn es war mein Schicksal, ihn gefangen zu nehmen.

Er war sicherlich ein General von nicht geringer Größe. Wir hatten ihn oft gejagt, aber es war ihm immer gelungen, uns durch eine geschickt ausgeführte Bewegung zu entkommen.

Dieser Überlebende seiner Rasse reizte meine Entschlossenheit und mit der Unterstützung und Unterstützung meiner Kumpanen machte ich mich daran, den letzten Clan auszurotten. Der schwarze Held raste den Hof auf und ab und wich, wann immer möglich, einigen der unbenutzten herumstehenden Wagen und Lastwagen aus. Aber ein Entkommen war unmöglich.

In die Enge getrieben, stellte er sich mir und meiner Tasche mit prachtvollem Heldenmut entgegen. Der herabsinkenden Todesfalle begegnete er mit einem wütenden Sprung, und als ich und meine Tasche auf ihn fielen, wurden wir von einem Hagel wütenden Pickens und Kratzens begrüßt.

Oh, tapferer Nachkomme einer tapferen Familie, edel bist du dem unausweichlichen Schicksal begegnet! Du wurdest nicht geboren, um gefressen zu werden; du warst der zähe Sohn eines zähen Vaters! Zuerst hast du dich prächtig dagegen gewehrt, gefangen genommen zu werden, dann hast du dich hartnäckig dagegen gewehrt, verschlungen zu werden! Gekocht, gedünstet, gebraten, gehackt, bist du zäh geblieben und hast uns sogar im Tod getrotzt! Du bist dem Schicksal deiner schwächeren Brüder entgangen, denn du wurdest nie gefressen!

Hühnerställe gibt es nicht viele auf dem Bowery. Nachdem wir die gefiederte Oase gefunden und zerstört hatten, waren wir wieder in einer Notlage.

Wieder einmal erwies sich „ Lamby " als unser Retter.

Er und Rags wurden mit der Geschichte der außergewöhnlichen Wette von einem Reporter entdeckt und in der Presse gebührend bekannt gemacht. „ Lamby " und Rags wurden zu Berühmtheiten und würdigten ihre zahlreichen Besucher im attraktiven Empfangsraum von Chicory Hall. Ein wenig von dem Glanz spiegelte sich auf uns, die Nebenfiguren der Komödie, und es kamen immer häufiger Besucher, die „wirklich bezaubernde, typische Boheme der Unterwelt" zu sehen bekamen.

Aber Besucher werden nicht wiederkommen, wenn Sie ihren ersten Besuch nicht unterhaltsam gestalten. Wie hätten wir sie unterhalten sollen? Keiner von uns war noch literarisch veranlagt und wir waren nicht bereit, Lesungen oder Auszüge aus Shakespeare, Lowell oder Browning anzubieten. Einige von uns waren als Komiker ziemlich berühmt, aber es ist sehr fraglich, ob unser Humor die Klasse von Leuten angesprochen hätte, die uns mit ihren Besuchen beehrten. Uns blieb nichts anderes übrig, als Unterhaltung in dem einzigen Fach anzubieten, in dem wir alle bewandert waren. Der Empfangsraum von Chicory Hall wurde zu einer improvisierten Arena, und dort wurden Kämpfe ausgetragen, die an Wildheit und blutiger Sturheit nie übertroffen wurden.

Es wäre ganz logisch anzunehmen, dass unsere Besucher eher gewalttätig waren und ausschließlich männlichen Geschlechts. Ich wünschte, ich könnte Ihnen etwas anderes erzählen, aber die Wahrheit ist, dass die „allerbesten

Familien" bei unseren nächtlichen Sitzungen durch jüngere Mitglieder beiderlei Geschlechts vertreten waren.

Im Laufe der Zeit wurde Chicory Hall zu einem echten „Sehenswürdigkeitenort", und es war nichts Ungewöhnliches, eine Reihe von Kutschen und Reisebussen vor dem bescheidenen Eingang zum unterirdischen Böhmen zu sehen. Wäre ich ein Balzac, wenn ich Ihnen einen Abend in Chicory Hall beschreiben könnte.

Am Fuß der Treppe war ein Kreis mit Kreide auf den Boden gezeichnet. Außer den regulären Mitarbeitern war es niemandem gestattet, die heiligen Bereiche zu betreten, ohne einen „freiwilligen" Beitrag in den Kreis zu hinterlegen. Der Grad der Unterhaltung entsprach dem Betrag, den der Kreis sammelte.

Auf einer Reihe von Kisten, verkrüppelten Stühlen, umgedrehten Eimern und anderen provisorischen Sitzgelegenheiten wurden den Gästen Getränke auf eigene Kosten serviert, während sie auf die Vorbereitungen warteten. Über ihren Köpfen war in verstreuten Buchstaben mit weißer Farbe auf die schmutzigen Wände folgende Inschrift geschrieben:

„WILLKOMMEN IN DER CHICORY HALL!"

Mit unserem zunehmenden Wohlstand kamen notwendige Verbesserungen, und das einsame Gaslicht wurde durch eine übel riechende Petroleumlampe verstärkt, von der ich mich nicht erinnern kann, sie je mit einem offenen Schornstein gesehen zu haben. Die Tür musste wegen des lebhaften Treibens drinnen geschlossen bleiben, und man kann sich die Atmosphäre im Keller gut vorstellen, da es keine Belüftung gab.

Dennoch kamen immer wieder Gäste und hatten viel Spaß, weil „alles so bezaubernd realistisch und schräg war."

Da ich das beständigste Mitglied von Chicory war und selten aus dem Saal abwesend war, war es ganz natürlich, dass ich an den meisten „Goes" im Keller teilnahm. Ich fühlte mich in meinem Element. Weder die Regeln des Marquis of Queensberry noch die des Londoner Preisrings wurden strikt durchgesetzt, und ich konnte meiner Bösartigkeit freien Lauf lassen, denn unsere Gäste – Männer und Frauen der „besseren" Klasse – mochten nichts so sehr wie ein „K.o.-Finish".

Vor allem durch meine Wildheit verschwand der letzte Rest geregelten Kampfes aus unseren „Set-tos", und unsere Darbietungen sanken auf das Niveau von „Geh, was du willst"-Scharmützeln. Mein Ruf als kostbares Tier wuchs rasch, und wieder erkannte eine gewisse Gruppe von Männern, dass ich eine Chance hatte.

Ich wurde gefragt, ob ich gegen alles und jeden unter allen Umständen kämpfen würde. Eine leicht zu beantwortende Frage für einen Mann, der im Vollbesitz seiner gesamten Kraft keinen anderen beherrschenden Einfluss kannte als seinen brutalen Instinkt.

Da ich weder wusste noch mich darum kümmerte, wer mein Gegner sein würde, überließ ich alle Vorbereitungen den Enthusiasten und wurde zu gegebener Zeit Mr. Mickey Davis vorgestellt, der die große Ehre hatte, der Champion im Rauf- und Tumultkämpfen von New York zu sein.

Dies waren die Bedingungen unseres Treffens: Wir sollten in einen Raum gesperrt werden und das Recht haben, uns gegenseitig mit allen Mitteln zu besiegen. Natürlich waren Waffen verboten, aber alle anderen Annehmlichkeiten wie Beißen, Krallen, Würgen oder Stechen waren nicht nur erlaubt, sondern geradezu unerlässlich. Wer zuerst darum bat, die Tür aufzuschließen und aus dem Raum geführt zu werden, war der Verlierer.

Ich habe den Meistertitel eine Zeit lang innegehabt. Tatsächlich habe ich ihn kurze Zeit später aufgrund verschiedener Veränderungen in meinem Leben freiwillig aufgegeben.

Ich würde es Ihnen nicht im Geringsten verdenken, wenn Sie Abscheu und Verachtung empfinden würden, weil ich darüber schreibe und mich scheinbar darin ergötze. Ihr Abscheu ist gerechtfertigt, Ihre Verachtung nicht. Ich selbst bin angewidert von meiner Vergangenheit und ihren verschiedenen Stadien der Erniedrigung, aber ich habe mir geschworen, Ihnen die Wahrheit zu sagen, und das tue ich und werde ich auch tun.

Vielleicht verachten Sie mich dafür, aber versetzen Sie sich in meine Lage, dann sind Sie weniger streng. In mir brodelte und gärte etwas, das sich durchsetzen wollte. Ich wollte jemand sein, erfolgreich sein. Das ist ein offenes Geständnis.

Würden Sie einem Blinden Vorwürfe machen, wenn er an einer Kreuzung den falschen Weg wählt? Würden Sie ihn nicht stattdessen in die richtige Richtung führen?

War ich nicht blind, als ich auf der Schnellstraße des Lebens stand und den ausgestreckten Finger nicht sehen konnte, auf dem stand: „Auf Anstand, Nützlichkeit und Männlichkeit"?

Und es war niemand da, der mich führte.

Ja, kritisieren Sie , spotten Sie, wenn Sie wollen, aber vergessen Sie nicht, dass es in meinem Leben keine elterliche Liebe oder Führung und keinen moralischen Einfluss gab.

Das Erreichen meiner Meisterschaft weckte das Interesse der „Sportler" des Bowery an mir, und einige Tauchlehrer machten mir mehrere schmeichelhafte Angebote. Ich zog von Ort zu Ort und hinterließ eine solche Spur edler Taten, dass ich bald eine echte Berühmtheit und ein Mann mit Namen war.

Ich hatte nie Schwierigkeiten, in meinem Beruf Arbeit zu finden – als Rausschmeißer, der Höflichkeit halber „Floor Manager" genannt, da meine Verbindung zu jedem Ort zusätzliche Kunden bedeutete. Ich war hervorragend für die Position gerüstet und mein Ruhm wuchs stetig, bis ich dachte, ich sei auf dem sicheren Weg zum Erfolg.

Ich dachte darüber nach und zog die folgenden Schlüsse: Ich wurde wegen meiner Brutalität gefürchtet; ich wurde wegen meiner „ Spießigkeit " respektiert, die nie ernsthaft auf die Probe gestellt worden war; ich hatte mehr Geld als je zuvor; ich trug gut gemachte, wenn auch auffällige Kleidung; der murrende Neid meiner weniger glücklichen Kameraden und Kumpel sang wie ein süßer Refrain in meinen Ohren; ich war stark, bösartig und gesund. Warum, warum sollte ich mich nicht als erfolgreich betrachten?

KAPITEL VII.

MEIN GUTER ALTER FREUND.

Hier sind wir an einem Punkt meiner Geschichte angelangt, an dem ich Ihnen meinen allerliebsten Freund vorstellen muss, meinen guten alten Kumpel Bill.

Bill ist nur ein Hund, aber als sich die Türen meiner Vergangenheit hinter mir schlossen, war er der Einzige, der sich durch sie hindurch in mein besseres Leben drängen konnte. Er ist das einzige Relikt meiner früheren Tage und ein lebender Zeuge der Erinnerung.

Und wer weiß, vielleicht hat auch er eine Wandlung durchgemacht, wenn das in seinem Fall nötig war. Er war immer treu, aufrichtig und loyal, und was würden Sie von mir denken, wenn ich ihn jetzt verleugnen würde?

Diejenigen, die mich kennen, glauben – und Sie werden es mir glauben –, dass ich nicht den geringsten Wunsch habe, die Arbeit meines kleinen Märtyrers auch nur im Geringsten zu schmälern. Aber es wäre höchst ungerecht, Bill die Anerkennung vorzuenthalten, die ihm für seinen Anteil an meiner Entwicklung gebührt.

Ich bin ein Mann; ich fühle es. Meine Seele und mein Gewissen sagen es mir, und allen Kräften und Faktoren, die zu meiner Verwandlung beigetragen haben, schulde ich Dankbarkeit, die nur durch Taten – nicht durch Worte – beglichen werden kann. Wenn Ihnen diese Erwähnung von Bill zeigt, dass er für meine Wiedergeburt von Bedeutung war, dann habe ich einen Teil meiner Schuld ihm gegenüber beglichen.

Vor nicht allzu langer Zeit behauptete der Pfarrer einer vornehmen Kirche in New York City unverblümt, Hunde seien nicht nur intelligent, sie hätten auch eine Seele. Natürlich löste diese Behauptung in vielen Kreisen einen Sturm der Entrüstung und eine Flut von Diskussionen aus. Hunde wurden von den Vertretern dieser Kreise daraufhin auf der Liste der intellektuellen Werte sehr niedrig eingestuft.

Zum Glück bin ich nicht gebildet genug, um in dieser Angelegenheit eine autoritäre oder entscheidende Stimme zu haben, denn das bewahrt mich vor Kritik, wenn ich mich zu sehr für mein gutes, dummes, seelenloses Tier begeistere.

Dennoch wünsche, bete und hoffe ich, dass er eine Seele hat.

* * * * *

Zwischen First und Houston Street , am Bowery, gab es eine Kneipe, die im ganzen Land als Treffpunkt der berüchtigtsten Gangster und Gauner des

Landes bekannt war. Trotzdem wurde der Ort allabendlich von Personen besucht, die „Ladies and Gentlemen" genannt wurden, Vertreter und Musterbeispiele der „besten" Gesellschaftsschichten.

Ich war dort als Rausschmeißer beschäftigt. Meine nächtliche Aufgabe bestand darin, Unruhen jeglicher Art und unter allen Umständen zu unterbinden.

Zu den Angestellten meines Arbeitgebers zählten eine Reihe von Herren, die für ihr taktiles Geschick bekannt waren und sich zu verschiedenen Anlässen kostenlos in einem gewissen düster wirkenden Gebäude in der Mulberry Street fotografieren ließen .

Ihr Verhaltenskodex – der von der breiten Öffentlichkeit nie angenommen wurde – war äußerst dehnbar. Dennoch gab es Zeiten, in denen sie die Grenzen der Bowery-Etikette überschritten, und dann war es meine schmerzliche Pflicht, in gerechter Empörung aufzustehen und sie zu schlagen, damit sie den Fehler ihres Handelns erkannten.

Eines Nachts geriet ein Mann mittleren Alters mit respektablem Aussehen, offensichtlich der Gastgeber einer Gruppe von „Ausflüglern", in einen Streit mit einem Mitglied der besagten Gentry. Es gab einen Krawall von ausreichender Lautstärke, um die Aufmerksamkeit der anderen Gäste von ihrer wichtigsten Pflicht, nämlich dem Ausgeben ihres Geldes, abzulenken, und ich war gezwungen, mich daran zu beteiligen.

Ich stellte schnell fest, dass der „Ausflügler" und seine Freunde verschwenderische „Verschwender" waren, und warf den Faulenzer, der bereits ausgesprochen bedrohlich geworden war, mit großer dramatischer Wirkung hinaus. Dass er wenige Minuten später durch die kleine, stets griffbereite Seitentür wieder zurückkam, blieb eine Tatsache, die nicht öffentlich bekannt wurde.

Mein eleganter „Sightseer" war durch den Vorfall einigermaßen ernüchtert und dankte mir überschwänglich für meine galante Rettung. Ein anhaltendes Gefühl der Scham und die Erkenntnis seiner Lage ließen ihn nach Hause gehen, aber bevor er ging, bestand er darauf, dass ich am nächsten Tag bei ihm zu Hause vorbeischauen sollte, um angemessen dafür belohnt zu werden, dass ich ihn davor bewahrt hatte, noch tiefer in die Schande der Verachtung zu verfallen.

Habgier war damals eine meiner vielen Sünden, und ohne Zeit zu verlieren, rief ich die Adresse an, die man mir genannt hatte. Es war eine ziemlich protzige Wohnung in einer der Hauptstraßen von New York, wo man sich wohl und gut leben konnte, und ich konnte nicht umhin, über die moralische Verfassung eines Mannes zu spekulieren, der diese komfortable und heimelige Wohnung hinter sich lassen konnte, um seine Freizeit in einer

Kneipe in Bowery zu verbringen. Obwohl ich damals weder lesen noch schreiben konnte und kein Verständnis für die feineren Beweggründe der Welt hatte, schien eine solche Tat von einem Mann, der alles hatte, was das Leben zu bieten hatte, jenseits der menschlichen Intelligenz und meines bescheidenen Verständnisses zu liegen.

Der Empfang war nicht gerade herzlich. Er schien mich für einen Erpresser zu halten, und leider lag er mit seiner Einschätzung beinahe richtig. Nachdem er mich gebeten hatte, keinem Menschen ein Wort über sein nächtliches Abenteuer zu erzählen, lud er mich ein, ihm in den Stall hinter dem Haus zu folgen, wo ich die Belohnung für mein rechtschaffenes Verhalten erhalten sollte.

Meine Hoffnungen wurden dadurch zerstört.

Ställe sind die Unterbringungsorte von Pferden, und ich fragte mich, ob er sich vorstellen konnte, was passieren würde, wenn ich versuchen würde, ein geschenktes Pferd durch die Straßen zur Bowery zu führen. Die Polizei kümmert sich zumindest sehr sorgfältig um streunende Pferde und freut sich, wenn sie zufällig einen angeblichen Besitzer am anderen Ende des Halfters findet.

Ich erzählte ihm das alles, aber er lachte nur und bat mich zu warten. Er führte mich zu einem Stall und zeigte dort voller Stolz auf einen Wurf reinrassiger Bullenjungen, die an der Brust ihrer Mutter ein Nickerchen machten. Er bückte sich und hob sie einen nach dem anderen am Genick hoch, damit ich sie inspizieren konnte.

Ich war enttäuscht, sah meinen Traum von einer Belohnung zerplatzen und konnte mir kein Interesse an der Hundeausstellung erwehren.

Meine Abneigung gegen alle Hunde stammt aus meiner Zeit als Zeitungsjunge in Park Row. Ein kleiner, obdachloser Köter, ein Mischling, der in seinem elenden Dasein ein wenig Mitgefühl suchte, machte mir einmal freundliche Avancen. Ich war immer noch ein Tier – bestialisch, grausam – und ließ das arme Ding mit einem Tritt aufschreien. Sobald er wieder auf den Beinen war, wartete er auf seine Chance und biss mich dann ins Bein.

Deshalb hasste ich Hunde und schwelgte in der Ausführung meines Hasses.

Ich beobachtete die Welpen mit kaum verhohlenem Ekel. Die kleinen dicken Kerle hingen schlaff und lustlos da, bis sie wieder in ihr Nest fielen. Gerade als ich mich darauf vorbereitete, einen Kompromiss auf Barzahlungsbasis vorzuschlagen, wurde ein kleiner Schurke, der sich von seinen Brüdern unterschied, zur Untersuchung hochgehoben. Anstatt ruhig wie der Rest der jüngeren Generation der Familie zu hängen, wand und zappelte er, während seine Augen, von denen eines hübsch schwarz umrahmt war, vor Spiel, Anmut und Gutmütigkeit glänzten.

Der Anflug eines Lächelns muss auf meinen Lippen gelegen haben, denn der Besitzer legte mir den Welpen in die Arme und überreichte ihn mir.

Mein erster Impuls war, den Welpen fallen zu lassen und ihn zurück in den Stall zu treten, aber der kleine Kerl schien seine Begrüßung als selbstverständlich anzusehen und kuschelte sich mit einem zufriedenen Seufzer in meine Armbeuge. Er war auf meiner linken Seite und seine Wärme muss ansteckend gewesen sein, denn ich spürte ein eigenartiges, wenn auch trübes Glühen in mein Herz kriechen.

Rechnung.

Ohne genau zu wissen, was ich tat, stopfte ich meinen neuen Besitz unter meinen Mantel und machte mich auf den Weg in mein Zimmer. Es ist fraglich, ob der Welpe durch den Quartierstausch etwas gewonnen hat. Mein Zimmer lag im obersten Stockwerk eines altmodischen Mietshauses. Die Decke war schräg und konnte dem Regen nicht standhalten. Von den ursprünglich vier Glasscheiben im Fenster waren nur noch zwei übrig, die anderen waren durch Papier ersetzt worden. Es gab ein Feldbett, einen dreibeinigen Stuhl und einen Waschtisch mit einem gesprungenen Becken und einem Krug.

Ich ließ den Welpen auf die Pritsche fallen und wollte beobachten, wie er sich in seiner neuen Umgebung zurechtfinden würde. Er bemerkte es nicht.

Zuerst hockte er sich hin und sah mich eindringlich an. Ich musste die Inspektion bestanden haben, denn als er mich nicht näher kommen sah, kam er an die Bettkante und winselte leise. Ich wollte ihn am Hals packen und auf den Boden werfen, aber als meine Hand ihn berührte, fühlte er sich so weich und warm an, und – nun, ich streichelte ihn. Natürlich hatte ich nicht die Absicht, zuzulassen, dass ein Welpe den Ton meines Lebens änderte. An diesem Abend ging ich zur gewohnten Zeit in die Kneipe und erfüllte meine „Pflicht" genauso gut wie zuvor. In manchen Momenten dachte ich jedoch an den kleinen Kerl oben im Zimmer.

Es war unsere Gewohnheit, den größten Teil der Nacht nach Geschäftsschluss mit Trinken und Zechen zu verbringen. Aber am Morgen nach der Ankunft des Welpen hielt ich es für das Beste, sofort in mein Zimmer zu gehen, da er Dinge durcheinandergebracht oder andere Schäden angerichtet haben könnte. Das versuchte ich mir einzureden – was angesichts der enormen Masse und Wildheit des Welpen ziemlich schwierig war –, ohne mir Gedanken darüber zu machen, was ich fühlte. Ich öffnete die Tür meines Dachzimmers und spähte hinein. Der kleine Kerl lag zusammengerollt auf der Decke und wachte erst auf, als ich neben ihm stand. Dann hob er seine kleine Nase, erkannte mich und verschwand wieder in das Land der Hundeträume.

Da ich mit dem Hund belastet war, konnte ich ihn nicht verhungern lassen. Daher hatten meine Nachbarn täglich das wunderbare Schauspiel vor Augen, mich, den kämpferischsten und kampflustigsten Meister der Stadt, in den Lebensmittelladen an der Ecke gehen und für drei Cent Milch und diverse andere Leckereien kaufen zu sehen, die für meinen Mitbewohner geeignet waren. Hätten sie es gutmütig hingenommen, hätte ich mich geschämt und dem Welpen wäre es bei der Pflege schlecht ergangen, aber meine Nachbarn spotteten und lächelten über mein ungewöhnliches Vorgehen, das ziemlich unpassend schien, und hauptsächlich, um sie zu ärgern und ihnen eine Gelegenheit zu geben, ihr belustigtes Schweigen zu brechen, beharrte ich darauf, meine neue Rolle zu spielen, die des Pflegers und Ammens seiner königlichen Hoheit, des Hundes.

Ich gewöhnte mich nach und nach an ihn, und obwohl ich dem Welpen nur wenig Zuneigung schenkte, schien er in meiner Gesellschaft überaus glücklich zu sein. Wir waren schon eine Weile zusammen, bevor ich mir unserer relativen Stellung sicher war. Ich fand ihn immer schlafend vor, wenn ich aus der Kneipe zurückkam, und war überrascht, ihn eines Morgens herumlaufen zu hören, als ich den Schlüssel ins Schloss steckte. Ich öffnete die Tür, und vor mir tanzte der Welpe in einem wahren Taumel der Freude, mich zu sehen. Da dies kein psychologischer Aufsatz ist, sondern nur eine schlichte, wahre Geschichte, werde ich nicht versuchen, sie zu analysieren, sondern Ihnen die Fakten in unverblümter Weise erzählen.

Es war ein neues, verwirrendes Gefühl für mich, ein Lebewesen zu sehen, das sich über mein Erscheinen so freute. Es war ein neues, seltsames Willkommen, vielleicht nicht ganz selbstlos, denn Milch und gutes Essen brachte ich normalerweise mit, aber es war doch viel reiner und aufrichtiger als die Begrüßung „Hallo" oder die lautstarke Einladung zu einem Drink, die mir von zotigen Gefährten zuteil wurde.

Ich war noch nicht weicher geworden, jedenfalls war ich mir dessen nicht bewusst oder wollte es nicht zugeben, aber in gelegentlichen, unbemerkten Momenten fiel meine harte Außenschale sporadisch und spontan ab, und ich leugnete es nicht, bis meine „Männlichkeit" mir zuflüsterte: „Warum, was ist los mit dir? Schämst du dich nicht, deinen Gefühlen nachzugeben? Du bist ein Mann, ein großer, kräftiger, harter Mann, und du solltest eigentlich keine sanfteren Gefühle haben. Reiß dich zusammen und sei wieder ein würdiges Mitglied deiner Klasse!"

Ich muss an dem Morgen, als der Welpe zum ersten Mal lauthals seine Anerkennung kundtat, in einer dieser sanfteren Stimmungen gewesen sein. Warum ich das tat, weiß ich nicht, aber ich nahm den kleinen Kerl in meine Arme und setzte mich aufs Bett. Für uns beide war ein kritischer Moment gekommen und es war das Beste, das Beste daraus zu machen.

„Magst du mich, Welpe?", fragte ich allen Ernstes.

Meine Güte, wenn dieses kleine Ding nicht versucht hat, ein nachdrückliches „Ja!" zu bellen. Oh, es war kein tiefes Knurren oder Fauchen. Es war der erste Versuch des Welpen in der Reihe der Beller und es klang sehr nach einer Mischung aus Winseln und Grunzen. Aber ich verstand und wir beruhigten uns, um die Sache zu besprechen.

Mir war klar, dass der Welpe ein Recht darauf hatte, einen Namen zu bekommen, und dass diese Angelegenheit an erster Stelle stand.

„Sieh mal, Junge; du und ich sind ganz einfache und gewöhnliche Leute, und es wäre nicht gut, dir einen ‚gehobenen' Namen zu geben. Was sagst du nun zu ‚Bill'? – Einfach nur ‚Bill'?"

Der Antrag wurde rasch angenommen und anschließend diskutierten Bill und ich weitere Fragen.

„Bill, du und ich haben nicht zu viele Freunde. Wenn du und ich im selben Moment sterben würden, würde nicht einmal ein Hahn oder eine Krähe ein Requiem für uns anstimmen. Jetzt werde ich dir einen Vorschlag machen. Du hast keine Freunde, und ich auch nicht; du bist hässlich, und ich auch; du gehörst zur unintelligentesten Klasse deiner Art, und ich auch; warum gründen wir nicht eine Partnerschaft?"

Bill saß da, beobachtete meine Lippen und sah weise aus wie eine Sphinx, bis ich die Frage stellte. Er bejahte sie, ohne auch nur einen Moment zu zögern.

„Ich freue mich, dass dir mein Vorschlag gefällt, Bill. Jetzt werden du und ich unser eigenes Leben leben, ohne Rücksicht auf andere. Wir werden zusammenhalten, Bill; wir werden einander treu sein, und obwohl wir in der Welt nicht viel wert sind, müssen wir füreinander die Besten unserer Klasse sein. Wir werden wahre Freunde sein."

Ich nahm Bills Pfote und wir besiegelten auf der Stelle den Vertrag, der nie gebrochen wurde.

Da unsere Beziehung auf dieser Grundlage basierte, verbrachte ich einen Großteil meiner Freizeit in dem Zimmer, das bis zu Bills Ankunft nichts anderes als mein Schlafplatz gewesen war. Bald gingen mir die kahlen Wände und der heruntergekommene Zustand der Möbel auf die Nerven, und langsam verbesserte ich unser *Zuhause* . Ich kaufte ein paar Bilder von einem Hausierer, erwarb zwei Gipsabdrücke von einem Italiener und beauftragte sogar einen Glaser, unser Fenster in Ordnung zu bringen. Bill und ich waren stolz auf unser Zuhause und hielten es für den Gipfel der Gemütlichkeit. Wissen Sie, keiner von uns hatte je ein richtiges Zuhause gekannt.

Aber Hunde brauchen ebenso wie Menschen Bewegung, und so machten wir am Nachmittag in unserer besten Kleidung – Bill mit seinem glitzernden Halsband, für das wir den Erlös einer ganzen Nacht ausgegeben hatten – unseren Spaziergang die Allee entlang. Er war wunderschön hässlich, und die üblichen netten Witzeleien wie „Wer ist der Hund?" wurden uns oft zugefügt. Aber das machte uns nichts aus, da wir eine gut etablierte Firma mit Partnern waren, die es sich leisten konnten, über die Kommentare von Außenstehenden hinwegzusehen.

Mitten in unserem Wohlstand kam es zu einem unerwarteten Bruch. Eine Reformwelle überrollte die Stadt und führte zur Schließung der meisten „Resorts". Der Verlust meiner Position brachte uns finanziell in eine schwere Krise .

Bill und ich hatten in einem Stil gelebt, der zwei Berühmtheiten gebührte. Porterhouse-Steaks, feine Koteletts und Schnitzel waren häufige Gerichte auf unseren Speisekarten. Der Rückgang war plötzlich und deutlich. Eintöpfe, gebratene Leber und Haschisch nahmen den Platz der früheren gehaltvollen Mahlzeiten ein, und unsere Konstitutionen waren nicht sehr gut. Dabei blieb es nicht, denn bald waren wir Stammgäste *an* den Imbissständen. Es brach mir oft fast das Herz, wenn ich meinen Bill, wohlerzogen und vollblutig, von den Resten fressen sah, die ihm von einem Imbissstand zugeworfen wurden. Aber da war ein Hund für dich! Anstatt die Nase darüber zu rümpfen oder es mit Knurren und Ekel zu essen, verschlang Bill den eingelegten Kutteln oder das Corned Beef mit einem gut vorgetäuschten Genuss. Zwischen den Bissen suchte sein Blick meinen und er sagte ganz deutlich: „Machen Sie sich keine Sorgen um mich. Ich komme mit saurem Kutteln sehr gut klar. Tatsächlich ist es eins meiner Lieblingsgerichte."

Du armer, seelenloser Bill, von dem viele Männer mit Seele eine Lektion in Sachen Mut und Courage lernen könnten!

Während dieser Zeit der Untätigkeit waren unsere Stunden im Zimmer weniger heiter als zuvor. Ich muss gestehen, dass meine „Depressionen" durch materielle Sorgen und nicht durch Reue oder Selbstvorwürfe verursacht wurden; aber was auch immer die Ursache war, sie lasteten bedrückend auf mir, und ich befand mich oft in einer Atmosphäre des tiefsten Indigoblaus . Bill brauchte nicht lange, um diese Stimmungen zu verstehen, und dank seiner Partnerschaft half er, sie zu vertreiben.

Er stellte sich direkt vor mich und starrte mich mit unerschrockenem Blick an. Da er keine Wirkung seiner hypnotischen Suggestionen bemerkte, ging er noch weiter und legte seine Pfote auf mein Knie, während er flehend winselte. Nachdem er meine Aufmerksamkeit geweckt hatte, nahm er die richtige Rednerpose ein und ließ seiner Rhetorik freien Lauf.

„Sag mal, Kil , ich habe dir mehr Verstand und Mut zugetraut. Hier sitzt du nun, mit den Händen im Schoß, und beklagst ein Schicksal, das du größtenteils selbst verursacht hast. Außerdem – entschuldigen Sie, dass ich so brutal offen bin – solltest du dich schämen. Groß und stark lebst du in Müßiggang, und jetzt strampelst du, weil du am Boden bist und deiner verachtenswerten Lebensgrundlage beraubt bist. Owen Kildare, reiß dich zusammen und sei ein Mann. Du bist nicht ohne Freunde. Ich bin hier. Ich bin zwar nur ein Hund, ein seelenloses Tier, aber ich bin dein Bill, und wir werden zusammenhalten, bis wir beide gewinnen!"

Sie werden mich nicht beleidigen, wenn Sie mich einen dummen Narren nennen, weil ich Bill diese Worte in den Mund gelegt habe. Vielleicht irre ich mich gewaltig in der Annahme, dass Bill nicht ohne Einfluss auf mich war oder dass ich ihn verstehen konnte; vielleicht war es alles Einbildung, aber wenn es so war – und das bezweifle ich – war es gut, denn egal, was es sein mag, ob Einbildung, Inspiration oder Streben, wenn es nach oben und nicht nach unten führt, kann es nicht hoch genug eingeschätzt werden.

Es gab Zeiten, in denen Bills Rede entweder weniger überzeugend war oder meine Niedergeschlagenheit ausgeprägter als sonst, und dann griff er zu drastischeren Mitteln. Er versuchte durch anschauliche Anschauungsunterrichte zu beweisen, dass eine gute Laune das Wichtigste ist. Hunde rennen und toben, wenn sie fröhlich und verspielt sind. Bill tat so, als sei er fröhlich, und tollte und rannte und tobte. Wenn man bedenkt, dass die genauen Maße des Zimmers fünf mal zwölf Fuß betrugen, kann man sich leicht vorstellen, welche Schwierigkeiten Bills Bewegung im Wege standen. Schnaubend und keuchend tollte er durch die engen Räume, rannte mal gegen einen Bettpfosten, mal gegen den wackeligen Waschtisch. Aber er erreichte sein Ziel immer, denn bevor er vor Anstrengung zusammenbrach, brachte er mich immer in einen Lachanfall. Kein „Depressionszustand" konnte Bills Methode jemals widerstehen.

Und doch war er nur ein Tier – ein armes, dummes Tier.

KAPITEL VIII.

Fahrende Ritter.

Etwa zu dieser Zeit ereignete sich eine Episode, die mich in Weiten und Szenen führte, von denen ich nie zuvor geträumt hatte.

Soweit ich es mir vorstellen kann, ereignete sich der Vorfall im März 1893. Ich gebe zu, dass meine Unbestimmtheit angesichts der Schwere des Vorfalls seltsam erscheint, aber sie ist typisch für meine Klasse.

Da ich mich in verschiedenen Sphären bewegt habe, habe ich mich oft darüber gewundert und versucht, es mir zu erklären. Es scheint keine andere Erklärung zu geben, als dass diese Missachtung von Daten, Zeit und Ort ein Merkmal der böhmischen Welt ist, ob auf der Bowery oder im Tenderloin. Kürzlich hatte ich ein Beispiel dafür.

Als ich für eine Zeitung einen Artikel über eine bestimmte Phase des Lebens in Bowery vorbereitete, fiel mir ein Mann ein, der eng mit dem Ereignis verbunden war, das ich erwähnen wollte. Ich ließ ihn rufen und er kam zu mir nach Hause und war bereit, mir alles zu erzählen, woran er sich erinnern konnte. Er erinnerte sich an alles und beschrieb jedes Detail anschaulich.

Schließlich bat ich ihn, mir das Jahr und den Monat zu nennen, in dem es geschehen war. Das führte zu einem sofortigen Stillstand der Erzählung und viele Minuten vergingen mit ernsthaftem Nachdenken. Es war vergebens. Wir legten das Datum auf „ungefähr" das und das Jahr und den und den Monat fest, aber es war unmöglich, das Jahr und den Monat genau zu bestimmen.

Und dies vor dem Hintergrund, dass es sich bei dem Vorfall um einen kaltblütigen Mord handelte, mein Informant Augenzeuge war und mehrere Monate im Untersuchungsgefängnis verbracht hatte.

Warum andere so achtlos mit Daten umgehen, weiß ich nicht, und das ist hier auch nicht der Punkt, aber ich weiß, dass im Leben der East Side jedes Leben so vollgestopft ist mit Realität, dass selbst die wichtigsten Ereignisse nur von vorübergehender Bedeutung sind. Dort werden Ereignisse durch Ereignisse datiert.

Fragen Sie einen Kerl aus der Bowery, wann er seinen Vater oder seine Mutter verloren hat, und er wird sehr wahrscheinlich antworten:

„Oh, vor ungefähr fünf oder sechs Jahren."

Wenn man auf einer präziseren Antwort besteht, wird er sich am Kopf kratzen, eine Weile nachdenken und dann sagen: „Mal sehen! Ja, der alte

Mann starb ungefähr zwei Monate, nachdem ich mit meinem letzten Stück aus dem Zuchthaus kam, und das war irgendwann im Jahr 1891."

Ich spielte meine mittlerweile vertraute Rolle als Rausschmeißer bei „Fatty Flynn's", einem ehemaligen Sträfling, der in der Bond Street 34 eine Tanzhalle und eine Spelunke betrieb . Sie war nur ein paar Häuser von der Bowery entfernt und erfreute sich großer Beliebtheit bei den durchreisenden Touristen, die die Bowery auf der Suche nach „Spaß" durchquerten.

An dem fraglichen Abend besuchten zwei Princeton-Studenten, in gelb-schwarze Schals gekleidet und mit den Abzeichen ihrer Studentenverbindung versehen, im Zuge ihres Spaßes den Tanzsaal. Es war noch recht früh für so etwas, der Ort war halb leer, und ich, um dem Lokal die Ehre zu erweisen und auch um ihren „Einkauf" zu beschleunigen, ging zu den beiden jungen Männern hinüber, um ein „lustiges" Gespräch zu führen.

Sie waren sehr jung, verfügten über beträchtliches Geld und schienen sich durch meine Auszeichnung geschmeichelt zu fühlen.

Wir sprachen über das „sportliche" Leben im Allgemeinen und sie fragten mich nach einigen der berüchtigtsten Tauchgänge des Tages. Da ich bei jedem berüchtigten Tauchgang mitgearbeitet hatte, fiel es mir nicht schwer, alle gewünschten Informationen zu geben. Dies schien ihren Wissensdurst zu wecken und sie luden mich ein, der Dritte in ihrer Gruppe zu sein und die Nacht damit zu verbringen, von Tauchgang zu Tauchgang zu ziehen. Dieses inoffizielle Führergeschäft ist übrigens eine weitere Möglichkeit, wie der Mann, der von seinem Verstand leben muss, viele „ehrliche" Dollars verdient.

Ich konnte die Einladung nicht annehmen, da sie keine finanziellen Anreize boten, und da diese nicht in Sicht waren, fühlte ich mich verpflichtet, meinem Posten und Arbeitgeber treu zu bleiben. Es war jedoch ein regnerischer Abend, das Geschäft lief schlecht und meine Chancen, „zusätzliches" Geld zu verdienen, waren sehr gering, also betraute ich einen meiner Lieblingskellner mit der diplomatischen Mission, „mein Spiel bei den beiden Studenten zu verbessern". Von ihrer Neugier und der geschickten Strategie meines Abgesandten bewegt, machten sie mir ein Angebot, das weit über meinen Erwartungen lag, das ich jedoch dennoch ablehnte, bis meine beharrliche Weigerung, meine Dienste in ihrem Namen in Anspruch zu nehmen, ihr Angebot auf einen Betrag hochtrieb, den ich aus Gewissensgründen nicht ablehnen konnte.

Ich entschuldigte mich bei „Fatty" Flynn, und nachdem wir das erledigt hatten, begannen wir unsere Expedition zur Erforschung sozialer Verhältnisse und des Bösen. Gemessen an den Zeitmaßstäben für Tauchgänge waren wir zu früh aufgebrochen. Es war erst neun Uhr, und der

„Spaß" in den Tauchgängen begann selten vor Mitternacht. Trotzdem fanden wir dank meiner sachkundigen Führung eine ganze Reihe von Tanzlokalen, in denen wir die dazwischenliegenden Stunden zum Nutzen der jeweiligen Besitzer verbringen konnten.

Eine Sache, die mich bei meinen beiden Schützlingen bald anwiderte, war, dass sie nicht viel Alkohol vertragen konnten. Ich warnte sie vor zu viel Genuss, da sie dann für die kommenden Freuden unfähig wären, aber die Jugend ist sprichwörtlich hartnäckig und sie gingen jubelnd und fröhlich ihres Weges.

Nachdem wir das „Golden Horn", eine bekannte Tanzhalle in der East Thirteenth Street , verlassen hatten , gingen wir die Third Avenue bis zur Twelfth Street hinunter, wo sie darauf bestanden, in eine Kneipe zu gehen, die ihren grellen Glanz auf unseren Weg warf. Es war keine vorschriftsmäßige Kneipe und nur als Treffpunkt einer Bande harter Kerle bekannt, die diesen Teil der Straße für vorbeikommende Fremde nicht allzu sicher machten. Daraus sollte man nicht schließen, dass sie ungepflegt aussahen. Ganz im Gegenteil, sie waren ziemlich gut gekleidet.

Wir kamen zufällig zu einem höchst ungünstigen Zeitpunkt in den Laden. Eine Menge dieser Kerle saßen an der Bar und gaben den Erlös eines erfolgreich ausgeführten „Tricks" verschwenderisch aus. Sie waren sehr witzig; meine Schützlinge waren es auch, und ich war ständig auf der Hut, um Reibereien zwischen der witzigen Mehrheit und der Minderheit vorzubeugen. Es war nicht meine Politik, mich in irgendwelche sinnlosen Streitereien verwickeln zu lassen, und ich bat die Studenten, unseren Weg in die Innenstadt fortzusetzen. Aber sie waren nicht in der Verfassung, Argumenten zuzuhören, und, angelockt durch mehrere unanständige Geschichten, die von Mitgliedern der anderen Fraktion erzählt wurden, begannen sie, das „Haus" zu belästigen und sich unter sie zu mischen.

Es schien keine unmittelbare Aussicht auf Unruhen zu geben, und ich erlaubte mir, den Raum für ein paar Minuten zu verlassen. Als ich zurückkam, hatte sich die Szene völlig verändert. Die Menge hatte sich um die Studenten versammelt und bedrohte sie. Später erfuhr ich, dass einer der Studenten sich über die grobe Vertraulichkeit eines Bandenmitglieds geärgert und versucht hatte, ihn zu schlagen. Die Situation schien kritisch, aber nicht gefährlich, und ich wollte gerade die Wogen glätten, als mein Blick auf den Spiegel eines verdächtig glitzernden Gegenstandes fiel. Es war ein Messer in der Hand des beleidigten Schlägers, das nur teilweise vom Ärmel seines Mantels verdeckt war.

Er schlich sich an der Menge vorbei, um an seine beabsichtigte Beute zu gelangen, und hatte ihn fast erreicht, als ich beschloss, einzugreifen. Ich hatte meine Distanz nicht gut eingeschätzt, denn gerade als ich zwischen die beiden Männer sprang, senkte sich das Messer und fand seine Mission in meinem Hals.

Ein drei Zoll langer Schnitt, ein Zehntel Zoll von der Halsschlagader entfernt, ist nicht gerade die Art von Souvenir, die man von einem Abend mitnehmen möchte, der dem „Spaß" und „guten Zeiten" gewidmet war. Und wenn man dafür mehrere Wochen im Krankenhaus verbringen muss, wird es ausgesprochen langweilig. All das erkannte mein neuer Freund, der Student, der indirekt für meine Entstellung verantwortlich war, und da er in der Zwischenzeit wegen eines wilden Abenteuers von seinem College verwiesen worden war, beschloss er, mir seine Dankbarkeit dafür zu zeigen, dass er, wie er es gerne nannte, „sein Leben gerettet" hatte, indem er mich ins Ausland mitnahm.

„Du bist nicht gebildet. Reisen ist der beste Bildungsträger, deshalb werde ich dir die Welt zeigen."

Es bedurfte keiner großen Überredungskunst, den Vorschlag anzunehmen, und nachdem wir eine Unterkunft für meinen guten alten Bill organisiert hatten, machten wir uns auf, um die Welt zu erkunden.

Die nächsten sechs Monate waren und sind für mich wie ein Traum. Ich war durchaus bereit, mir die Welt zeigen zu lassen, bin aber geneigt zu glauben, dass mir ein ziemlich unvollkommener Vorführer zur Seite stand. Um ganz ehrlich zu sein , bezweifelte ich, dass mein Mitreisender die Welt im Großen und Ganzen besser kannte als ich.

Jedenfalls landeten wir nach einer hastigen und ziellosen Reise durch Europa in Algier, dessen Kosten erschreckend geschrumpft waren. Die Cafés dieses afrikanischen Paris haben meine Bildung sicherlich erweitert.

Eine erwartete Überweisung von zu Hause blieb aus und mein Partner verfiel in tiefes Grübeln. Er kam zu dem Schluss, dass wir auf Anordnung meines „College-Kumpels" ab sofort zu Abenteurern, Glücksrittern, Draufgängern und allem anderen ernannt wurden, was uns glauben machen konnte, dass unsere elende, gestrandete Lage das Sprungbrett für große, ritterliche Taten war. Wir meldeten uns bei der Legion der Fremden.

Aber die Ritterlichkeit verliert die Hälfte ihres Reizes, wenn sie in roten Hosen, blauer Jacke und auf dem Rücken eines knochigen Rosinante daherkommt und einen durch weite Strecken glühenden, brennenden Sandes trägt. Kurz gesagt, das Leben eines afrikanischen Soldaten, der ins Landesinnere verbannt wird und sich von Nahrungsmitteln ernährt, die für den Magen eines Bowery ebenso fremd sind wie der Jargon seiner Kameraden, hatte für mich absolut keinen Reiz.

Ich bin nicht sehr gut darin, meine Stimmungen und Gefühle zu verbergen, und dass ich Heimweh hatte, dass mein Herz sich trotz der Aufregung der gelegentlichen Scharmützel nach meiner alten Bowery sehnte, wurde meinem unglücklichen Bruder klar. Dann, ein seltsamer Zufall, kam auch noch heraus, dass mein Partner viel lieber am Broadway oder an der Fifth Avenue wäre als im trostlosen Palisadenzaun von Degh -del- ker .

Leider existierte das Eisenbahnsystem in diesem Teil Afrikas kaum, und selbst wenn es existiert hätte, wäre es für uns nicht ratsam gewesen, uns in der Zivilisation aufzuhalten, da die Regierung törichterweise unsere wertvollen Dienste behalten wollte. Aus der Geschichte weiß ich, dass die Garnison von Degh -del- ker kurz nach unserer Abreise mehrere katastrophale Begegnungen mit einigen der rebellischen Stämme hatte, die wahrscheinlich anders ausgegangen wären, wenn wir beide unsere Waffen und unsere Kraft der Sache der dreifarbigen Flagge geliehen hätten.

Ich erwähne dies nur, um zu erklären, wie sensibel ich dieses Erlebnis geschildert habe. Weder mein Freund noch ich haben die geringste Absicht, die unglückliche Ursache für internationale Verwicklungen zwischen unserem eigenen Land und Frankreich zu werden, weil wir Frankreich zwei so tapfere Krieger wie uns selbst geraubt haben.

Wir von der Bowery lieben Farben und ich hatte oft den starken Wunsch, mich der Clique meiner alten, geliebten Straße in all der Pracht meiner bunten Kleidung zeigen zu können. Als Bowery-Junge in blauem Mantel und roten Hosen, mit klirrendem Säbel an seiner Seite, hätte ich den Hit meines Lebens gemacht, wenn ich so gekleidet in meinen Lieblingskneipen aufgetaucht wäre. Doch dieses Vergnügen blieb mir verwehrt.

Es gelang uns, weniger spektakuläre Kostüme zu beschaffen, und nachdem wir die Wachen besiegt hatten, begannen wir unseren Marsch zur Küste.

Es war eine schreckliche Reise. Sechs lange Wochen stapften wir durch gleißenden Sand und glühende Hitze, mieden sorgfältig alle einheimischen Dörfer und wurden doch oft gerade noch rechtzeitig von Stammesangehörigen vor dem Tod gerettet, die uns hilflos in Verstecken fanden.

Von der Küste aus schaufelten wir uns im Kesselraum des guten Schiffes St. Heléne unseren Weg durch das Mittelmeer . Es war eine erstickende Arbeit, und immer wieder wurden wir aus den Tiefen heraufgezogen, auf das Deck geworfen und durch Ströme kalten Wassers wiederbelebt.

Schließlich erreichten wir den Hafen von Marseille, wo wir einen Akkreditivbrief erwarteten. Er war da und wir fielen beide auf die Knie und dankten ihm aufrichtiger als je zuvor.

Zu dieser Episode kann nichts weiter gesagt werden, außer dass wir beide das Gefühl hatten, durch unsere Reisen in die Welt ausreichend gebildet zu sein und dass wir zu Hause dringend gebraucht wurden.

Wir haben keine Zeit verloren, um dorthin zu gelangen.

KAPITEL IX.

EIN SPIELER MIT VIELEN ROLLE.

Sie werden es mir ohne weiteres glauben, wenn ich Ihnen erzähle, dass meine allererste Aufgabe nach meiner Heimkehr darin bestand, meinen guten alten Kumpel Bill aufzusuchen.

Sein vorübergehendes Zuhause war ein Stall. Dessen Besitzer war ein alter Bekannter von mir und ich war zufrieden, dass Bill während meiner Abwesenheit gut behandelt worden war. Aber wie sehr hatte ich mich nach ihm gesehnt!

In Europa und Afrika hatte ich Hunde reinster Rasse und bester Abstammung gesehen, aber für mich waren sie nur Mischlinge im Vergleich zu meinem Bill, meinem treuen Jungen. Es gab keinen Tag auf unseren Reisen, an dem ich mir nicht die Frage gestellt hatte: „Ich frage mich, was Bill gerade macht?"

Und hier war ich zu Hause und eilte los, um meinen Kumpel zu treffen.

Der Stallbesitzer empfing mich an der Tür und gratulierte mir zu meiner sicheren Rückkehr. Dann wurde er ernst und begann: „Sieh mal, Kil , wir haben alles für Bill getan, was wir konnten, aber mit ihm stimmt etwas nicht. Er frisst nicht und ist nicht mehr halb so lebhaft wie früher."

Ich wartete nicht auf weitere Nachrichten, sondern machte mich auf die Suche nach Bill. Oben auf dem Heuboden erhaschte ich einen flüchtigen Blick auf ihn. Auf einem Strohballen, dem verfallenen Fenster am nächsten, lag mein Bill, das Bild der Einsamkeit. Er blickte geradeaus und wandte seinen Blick kein einziges Mal ab.

Ich stand da und beobachtete ihn ein paar Minuten lang, trat dann hinter einen Pfosten und flüsterte: „Bill."

Ein Ohr stellte sich auf, die Augen blinzelten ein- oder zweimal, aber ansonsten blieb er unverändert. Er hatte Angst, seinem Gefühl zu trauen.

Wieder flüsterte ich: „Bill, oh Bill" und versteckte mich dann.

Ich hörte ihn nicht rühren, aber als ich aus meinem Versteck hervorlugte, blickte ich in seine wahren Augen und mit einem Winseln und Schreien waren mein Bill und ich wieder Partner.

Was für ein Treffen das war, kann ich Ihnen nicht beschreiben, und wenn ich es versuchen würde, würden Sie über unsere Albernheit lachen. Dennoch glaube ich, dass einige von Ihnen nicht lachen würden und Sie keine Beschreibung der Szene brauchen.

An diesem Abend kehrten Bill und ich in unsere baufällige Dachgeschosswohnung zurück und wir saßen bis spät in den Morgen hinein zusammen und tauschten Erfahrungen aus.

Die Taucherbewegung blühte noch immer. Die Reformbewegung war nach der Wahl abgeebbt und die Dinge wurden von Tag zu Tag lebendiger. Trotz meiner Seereise und des Ortswechsels war mein Gesundheitszustand nicht sehr gut und es dauerte eine ganze Weile, bis ich alle Spuren meines afrikanischen Abenteuers verwischt hatte.

Es gibt ein altes deutsches Sprichwort, das besagt, dass jeder, der auf Reisen geht, hinterher viele Geschichten erzählen kann. Da ich nicht stark genug war, um meinen früheren Beruf als „Türsteher" wieder aufzunehmen, lungerte ich im Hinterzimmer von Steve Brodies Haus am Bowery herum und wurde zu einem Erzähler par excellence. Es waren nicht meine Rhetorik oder Redekunst, die mich zum Löwen des Tages machten. Es war einzig und allein die Zusammenfassung meiner Reise und insbesondere meiner Erfahrungen in Afrika. Das sollte Sie nicht überraschen, denn ich möchte Ihnen versichern, dass die Bowery -Jungs ihre Touren nicht auf den schwarzen Kontinent ausdehnen, sondern ihre Ausflüge hauptsächlich auf Hoboken und andere geeignete Picknickplätze entlang des Hudson oder East River beschränken.

Ich kann den Namen Steve Brodie nicht erwähnen, ohne Ihnen von einer merkwürdigen Form des Betrugs zu erzählen, die nicht ganz ohne Humor ist. Damit meine ich nicht die Leistungen von Steve Brodie als Brückenspringer. Ob er wirklich von der Brooklyn-Brücke oder anderen Brücken gesprungen ist, ist eine Frage, die die Gelassenheit der Weltgeschichte niemals stören wird. Ich habe vielleicht meine Meinung und eine Grundlage dafür, aber weder die Neigung noch die Zeit, sie zu äußern.

Es dauerte nicht lange, bis die Geschichten meiner Reisen erzählt und wieder erzählt worden waren, bis jeder *Stammgast* des Brodianischen Handelszentrums davon übersättigt war. Dies schränkte die Zahl der Getränke, die mir bewundernde Zuhörer spendierten, stark ein, und ich war zutiefst verwirrt, wie ich diese schmerzende Leere füllen sollte. Ich war noch nicht wirklich in der Lage, viel zu „treiben", und blieb immer noch im schützenden Schatten von Steve Brodies Hinterzimmer hängen.

Es war ein echter Zufall, der mir eine neue „Arbeit" ermöglichte und mir wieder die Sicherheit von Essen und Trinken verschaffte. Ich wurde zu einem hervorragenden Beispiel für das Sprichwort, dass das Leben nur eine Bühne ist und wir Spieler vieler Rollen sind.

Dieser Plan entwickelte sich schließlich aufgrund der weit verbreiteten Heldenverehrung. Man nehme den größten Star der Gegenwart, stoße ihn in eine Menge, die seine Identität nicht kennt, und er wird unbemerkt bleiben. Aber man muss ihm nur den richtigen Stempel aufdrücken, und die Menge wird vor der einstigen Nichtigkeit niederknien.

Obwohl wir immer zur Heldenverehrung neigen, sind Helden eher selten und nicht immer zur Stelle. Dies ist insbesondere auf der Bowery der Fall, wo angeblich immer eine Menge Helden da sind, „aber sie sind es nicht ". Ihre angebliche Anwesenheit zieht die üblichen Verehrer an, und nur weil er diese ehrenwerten Menschen nicht enttäuschen wollte, entschied sich Steve Brodie mit meiner Mitarbeit für einen Plan, der sich von Anfang an als zufriedenstellend erwies und dazu beitrug, viele angenehme Erinnerungen in die Häuser vieler Leute aus den oberen Stadtteilen und in die ländlichen Häuser unseres Landes zu bringen.

Der Plan selbst war sehr einfach und stammte von John Mulvihill , der damals für den Getränkeausschank des Brodie-Unternehmens zuständig war.

Das Horton Boxing Law war noch nicht erfunden und der Faustkampfkult hatte mehr Anhänger als je zuvor. Einige der weniger bekannten Persönlichkeiten des Boxsports hatten ihr ständiges Hauptquartier bei Brodie, während einige Anwärter auf den Meistertitel und sogar echte Champions vorbeischauten, wenn sie zufällig in der Gegend waren.

Brodies wohlerworbener Ruhm und die vielen merkwürdigen Dekorationen und Bilder an diesem Ort zogen viele Besucher an, und nachdem sie Brodie und die anderen Kuriositäten in Augenschein genommen hatten, fragten sie ausnahmslos, ob nicht „einige prominente Kämpfer" anwesend seien. Normalerweise war Johnnie Mulvihill in der Lage, einige Berühmtheiten hervorzubringen, um diese Gier der Neugierigen zu befriedigen, aber es gab Zeiten, in denen der Bestand an Stars sehr gering war; dann wurde auf den erwähnten Plan zurückgegriffen. Es war die Inspiration, die aus der Not geboren wurde.

An einem bestimmten Abend saß ich zufällig ruhig im verlassenen Hinterzimmer. Das Geschäft lief schrecklich schleppend. Meine Ruhe wurde plötzlich von Mulvihill gestört , der durch die Schwingtür hereingestürzt kam.

„Sag mal, Kil , du musst mir einen Gefallen tun. Steve ist nicht da und es ist kein einziger Mann hier, den ich der Truppe vorstellen könnte, die ich an der Bar versammelt habe. Sie sind gerade erst reingekommen und geben gut Geld aus, aber ich werde sie verlieren, wenn du das nicht für mich tust."

Mulvihills Bitte nicht ganz, aber da ich ihm zu großem Dank verpflichtet war, weil er mir heimlich einen Drink spendiert und oft sein Corned Beef und seinen Kohl mit mir geteilt hatte, war ich durchaus bereit, ihm den gewünschten Gefallen zu tun. Ich dachte, dass dies nichts anderes sein würde, als die Männer an der Bar dazu zu „veräppeln", noch mehr Drinks zu kaufen.

„Nein, nein", warf Mulvihill ein , „das ist nicht, was ich von dir will."

Er enthüllte sofort seinen Plan, der nichts weiter beinhaltete, als dass ich dem Erwarteten als ein angeblicher Jack Dempsey gegenübertreten sollte, der im ganzen Land als einer der besten und ehrlichsten Kämpfer bekannt war, die je einen Ring bestiegen haben.

Natürlich lehnte ich mich auf, da ich nicht der Gefahr ausgesetzt sein wollte, dass der offensichtliche Betrug so leicht entdeckt wird, aber Mulvihill flehte mich mit seiner überzeugendsten Stimme an.

„Sehen Sie nicht, diese Kerle können Jack Dempsey nicht von Adam unterscheiden. Alles würde sie davon überzeugen, dass sie in der Gegenwart des echten Mannes sind, und Sie wissen genug über Jack Dempsey und seine Geschichte, um sich von diesen Kerlen, die noch nie in ihrem Leben einen Preiskampf gesehen haben, nicht aus der Ruhe bringen zu lassen."

Wer könnte solch sanftem Flehen widerstehen? Ich konnte es nicht und folgte meinem Mentor auf den Weg der Täuschung.

Ich nahm die angemessene Pose ein, betrat die Bar und wurde von Mulvihill feierlich den „Leichtgewichten" vorgestellt, die eine ziemlich weite Reise auf sich genommen hatten, um im Glanz eines echten Kämpfers zu sonnen.

„Meine Herren, erlauben Sie mir, Ihnen den berühmtesten Weltmeister, Mr. Jack Dempsey, vorzustellen", zitierte der kunstvolle Mulvihill und führte mich damit in ein Repertoire ein, das in der Anzahl der unterschiedlichen Rollen selbst vom vielseitigsten Schauspieler nicht übertroffen werden kann.

Die Besucher schüttelten mir mit glühender Begeisterung die Hände und Arme und zeigten ihre Wertschätzung für die ihnen zuteil gewordene Ehre, indem sie zahllose Runden Getränke ausgaben.

Der Ball war ins Rollen gebracht worden, und es dauerte lange, bis er zum Stillstand kam.

Der Plan erwies sich als überraschend profitabel, zumindest für Steve Brodie, und obwohl Mulvihill und ich uns mit den Krümeln vom Festmahl zufrieden geben mussten, hatten wir viel Spaß dabei, und das war keine geringe Belohnung. Sie können sich einiges davon vorstellen, wenn ich Ihnen erzähle, dass sich einige der „Ausflügler" ziemlich oft an mich erinnerten (?), indem sie mir etwas erzählten, was mir (?) in ihrer eigenen Stadt passiert war, oder wie sie gesehen hatten, wie ich Tom, Dick oder Harry mit einem mächtigen Schlag meiner gewaltigen Linken besiegt hatte.

Wenn es auch Spaß machte, war es doch auch etwas peinlich. Das männliche Geschlecht ist nicht das einzige, das körperliche Stärke bewundert, und Damen, von Herren begleitet, erschienen recht häufig in diesem neu gegründeten Schrein der Boxsportverehrung.

Ich kann mich nicht erinnern, jemals so verwirrt gewesen zu sein wie an einem bestimmten Abend, als ich für die Rolle des Jake Kilrain gecastet wurde , des Mannes, der versuchte, dem furchtlosen John L. Sullivan den Schwergewichtstitel zu entreißen. In meinem kleinen, aber dankbaren Publikum befanden sich mehrere Damen.

Kurz nach meiner Vorstellung fiel mir ein reges Getuschel unter den Damen auf. Eine, die Sprecherin, trat auf mich zu und stellte den Gast der anderen vor.

„Oh, Mr. Kilrain , Sie müssen einen perfekt entwickelten Arm und Brustkorb haben. Das ist in Ihrem Beruf notwendig, nicht wahr? Und dürfen wir nicht das Privileg haben, Ihre Kraft zu testen?"

Bevor mir klar wurde, was sie vorhatten, hatten sie sich bereits um mich geschart und begannen mit vielen „ Ohs " und „Oh, mein Gott " meinen Bizeps zu betasten und mir in die Brust zu stoßen.

Natürlich war das nur ein Einzelfall und passierte nicht jede Nacht, aber es half mir nicht dabei, meine „Vorgesetzten" zu respektieren.

Es war auch sehr peinlich, wenn ich gleichzeitig „doppeln" und sogar „dreifach" spielen musste. Als Beispiel möchte ich Ihnen sagen, dass ich an einem Abend gleichzeitig Jack McAuliffe am Kopfende der Bar, Mike Boden am Ende und Johnny Reagan im Hinterzimmer vertrat – allesamt bekannte Boxer und Champions ihrer Klasse. Mein Publikum war an diesem Abend besonders lästig, da es mich an Daten und Details hinderte und mich ständig befürchtete, ich könnte meine Identitäten verwechseln.

Außerdem erschien bei einer besonderen Gelegenheit, als ich mit bewundernswerter Genauigkeit einen berühmten Boxer porträtierte, dieser Boxer zufällig persönlich auf der Bildfläche, und nur seine wahre Freundschaft mit mir verhinderte, dass die Nachahmung im Sande verlief oder noch Schlimmeres geschah.

Jetzt, wo das alles hinter mir liegt und zu einer anderen Welt und Persönlichkeit gehört, kann ich nicht umhin zu erkennen, dass das falsch war. Doch ich kann nicht leugnen, dass ich damals, als es geschah, oft herzlich über die Albernheit dieser gaffenden Neugierigen gelacht habe.

Als ich später aufgrund einer Meinungsverschiedenheit mit Steve Brodie mein Hauptquartier in den Palast des Königs – Barney Flynn, des Königs der Bowery – an der Ecke Pell Street und Bowery verlegte, schmiedeten wir einen weiteren betrügerischen Plan, der das Interesse und die Unterhaltung unserer vielen Freunde wecken und uns mit Getränken und Kleingeld versorgen sollte.

Der Palast des King of the Bowery ist kein sehr imposantes Gebäude. Im Erdgeschoss befindet sich ein Salon, darüber ein Logierhaus, das den Untertanen seiner Majestät sowohl Erfrischung als auch Ruhe bietet. Aus zwei gewichtigen Gründen war der Salon schon immer das Mekka der Neugierigen. Er ist sozusagen das Eingangstor zu Chinatown und zugleich die offizielle Adresse von Chuck Connors.

Außer den flüchtigen Scharen nächtlicher Besucher Chinatowns wird der Saloon oft von literarischen Persönlichkeiten besucht. Eine Zeit lang schien es für Schriftsteller eines bestimmten Genres angemessen, dorthin zu kommen, um Typen zu studieren.

Jackey Doodles. Barney Flynn. Jumbo. „Chuck" Connors. Eine typische Gruppe an Barney Flynns Seitentür.

Lassen Sie mich hier sagen, dass ich, ohne einen Autor von Dialektgeschichten in Misskredit bringen zu wollen, noch keine Geschichte gefunden habe, die die Sprache der Bowery so wiedergibt, wie sie gesprochen wird. Ich habe mir die Mühe gemacht, verschiedene Geschichten zu vergleichen – jede garantiert eine wahre und realistische Studie der Unterwelt

– die von verschiedenen Autoren geschrieben wurden, und die Diskrepanzen im Dialekt sind eklatant.

seiner wichtigsten Figur während der gesamten Erzählung „ youse “ in den Mund. Der andere benutzt nur „ye“. Einer buchstabiert die Frage: „Do you? “; der andere formuliert sie: „ D'you ?“

Vielleicht trifft dies auch auf andere Geschichten zu, die im Dialekt Neuenglands oder des Südens verfasst sind, doch ob das nun zutrifft oder nicht, es scheint sich um einen Fall zu handeln nach dem Motto „Sie zahlen Ihr Geld und Sie treffen Ihre Wahl.“

Ich habe noch nie eine Geschichte über „Low Life“ gesehen, die nicht mit „ cul “ und „covey“ gespickt wäre. Befolgen Sie meinen Rat und verwenden Sie diese Anredeform nicht auf der Bowery. Sie würden sie nicht verstehen und sich daher beleidigt fühlen.

Außerdem mangelt es den Männern der East Side nicht so sehr an Galanterie, dass sie ihre Liebsten mit „Bündel“ oder ähnlichen Namen anreden würden.

Und was die emphatische Sprache angeht, treffen die Autoren weit davon entfernt, ins Schwarze zu treffen. Die beliebteste Phrase ist „ Wot'ell “, die hundert Meilen von der deutlichen Aussprache entfernt ist, mit der dieser zierliche Gesprächsfetzen von einem Bowery-Jungen in einem Moment rhetorischer Höhenflüge verwendet wird.

Ich könnte also Hunderte von Beispielen anführen.

Die gleiche Nachlässigkeit im Detail zeigt sich auch bei anderen Dingen, wenn über uns geschrieben wird. Es sind zwar nicht alle wichtige Fehler oder schwerwiegende Irrtümer, aber sie sind schwerwiegend genug, um die Unzuverlässigkeit dieser „wahren East Side-Studien“ zu beweisen.

Ein Autor, der seit geraumer Zeit als Autorität in Sachen Unterwelt gilt, ist derjenige, der Wesen und Dinge der von ihm beschriebenen Sphäre mit falschen Namen bezeichnet. Er behauptet beharrlich, dass Diebe von der Polizei und anderen Leuten „Waffen“ genannt werden. Jeder, der wie ich sein ganzes Leben in der Bowery verbracht hat, weiß, dass „Waffe“ eine wichtige Persönlichkeit bedeutet. Ein Millionär ist eine „Waffe“, ebenso wie ein prominenter Anwalt, ein Politiker oder ein berühmter Gauner; kurz gesagt, jeder, der in seinem Beruf oder seiner Berufung führend ist, sei er Staatsmann oder Dieb, ist eine „Waffe“.

Die Bowery ist nicht schwer zu erreichen und Sie können meine Behauptung, wenn Sie Lust dazu haben, ganz einfach testen. Nehmen Sie eine Seite aus einer der vielen East Side-Geschichten und lesen Sie sie einem typischen Bowery-Jungen vor. Er wird Sie bitten, sie für ihn zu interpretieren.

Der East Side-Dialekt ist nicht gerade reich an Slang. Was auch immer davon enthalten ist, wurde aus dem Tenderloin und anderen Quellen übernommen. Um einen witzigen Slang-Ausdruck zu erfinden, muss man Zeit haben, ihn zu erfinden und auszuprobieren. Dafür haben sie auf der East Side keine Zeit, denn selbst für die Schule bleibt nicht immer Zeit. Und das erklärt ungrammatische Ausdrücke und skurril verdrehte Sätze, aber nicht das idiotische Kauderwelsch und die erzwungenen Wortschöpfungen, die meinen Leuten über die Zunge geglitten sind.

Die Höflinge des King of the Bowery waren ein gutmütiger Haufen Leute und wollten den Eifer der literarischen „Herren" nicht bremsen. Sie taten ihr Bestes, um die ständig steigende Nachfrage nach Typen zu decken.

Das innere Heiligtum des königlichen Palastes war durch die übliche Trennwand aus Glas und Holz vom äußeren Raum getrennt. Da Barney Flynn, der König der Bowery, ein freundlicher und fröhlicher Monarch war, ähnelte der abgeschiedenere Raum weniger einem Thronsaal als vielmehr einem Treffpunkt verwandter Seelen. Es war ein Beispiel einer anderen Schicht der Unterwelt Böhmens.

Tische und Stühle standen in malerischer Unordnung im ganzen Raum. An den Wänden hingen drei riesige Ölgemälde, die ein wandernder Bowery-Künstler für seine Kost und Logis, einschließlich häufiger Trankopfer, „gemalt" hatte. In einer Ecke befand sich das freiwillige Orchester, bestehend aus Kelly, dem „Wüstling", dem Geiger, und Mickey Doolan , dem Flötenspieler. Nachdem ihr Tagesgeschäft vorbei war – sie waren beide „Arbeitsarbeiter" am Flussufer – nahmen die beiden Hofmusiker ihre gewohnten Plätze ein und kehrten, ohne den Anwesenden viel Aufmerksamkeit zu schenken, mit Geige und Flöte zurück an ihre eigenen grünen Ufer des alten Erin.

Sie sind erbärmliche Gestalten, diese Männer der Bowery, die ihr ebenso träges wie arbeitsscheues Leben in Träumen von vergangenen, aber nicht vergessenen Tagen verbringen.

Da Barney Flynns Saloon direkt auf dem Weg von und nach Chinatown liegt, wurde er zu ungewöhnlichen Zeiten von den soziologischen Pilgern besucht, die zu diesem Zentrum himmlischer Kolonisierung kamen. Eines Nachts stolperte zufällig ein Schriftsteller in den Ort. Ob er seine Eindrücke in normalem oder abnormalem Zustand wahrnahm, ist nicht bekannt. Die „Bande" war mit einer eigenen kleinen Feier beschäftigt, wurde vom Schriftsteller beobachtet und sofort wurden Barney Flynns und das königliche Personal zu einer Fundgrube für Autoren von Geschichten über das gesellschaftliche Leben.

Mit dem Scharfsinn, den ich mir bei meiner Tauchausbildung angeeignet hatte, erkannte ich sehr bald, dass diejenigen, die uns studieren wollten, am ehesten bereit waren, für grotesk auffallende Typen zu zahlen. Das „echte Ding" interessierte sie kaum. Was sollten wir tun? Um an das Geld zu kommen, mussten wir Typen sein. Wenn also die Nachricht kam, dass ein Sucher nach Realismus – mit Geldmitteln – eingetroffen war, setzten wir unsere Masken auf, sprachlich und anderweitig, um die glorreiche Sache der Literatur zu unterstützen.

Es wäre nicht sinnvoll, wenn ich die Namen von Autoren erwähnen würde, die uns so treffend porträtiert haben. Sie sind jetzt Berühmtheiten mit lohnenderen Zielen. Ihre Geschichten über uns bleiben in Erinnerung, aber nur wegen ihrer „schönen und reinen Gefühle" und nicht wegen ihres „wahren Realismus". Letzterer ist bei jedem Autor anders und hat den Gelegenheitsleser verwirrt.

Ich bin stark versucht, einen beim Namen zu nennen, dessen Ruhm als Demonstrant auf unerwartete Weise getrübt wurde. Der betreffende Autor war aus Philadelphia hierhergekommen, wo er den Ruf hatte, mit den Menschen in den Slums sympathisieren zu können. Mehrere seiner „verruchten" Geschichten wurden als Vorbilder für alle anderen Autoren dieses Stammes gepriesen.

Mit seiner üblichen Aggressivität, nicht ohne einen Hauch von fast mittelalterlichem Elan und Ritterlichkeit, stürzte sich dieser junge Mann mit gewohntem Eifer in das Studium der New Yorker Slums und beherrschte das Thema natürlich fast sofort. Da er gesellschaftlich gut vernetzt war oder vielmehr in der Gesellschaft gut aufgenommen wurde, hatte er keine Probleme, seine Freunde für sein Hobby zu interessieren. Er war nicht knausrig beim Ausgeben seines Geldes und war deshalb bei meinen Freunden bei Barney Flynn's recht beliebt. Tatsächlich war dieser vielversprechende junge Schriftsteller – ein Versprechen, das sich seitdem erfüllt hat – ein Liebling der Höchsten und Niedrigsten; wahrlich eine beneidenswerte Position.

Mit seinem Notizbuch in der Hand saß dieser junge Mann stundenlang unter uns und notierte sich Phrasen und umgangssprachliche Ausdrücke, die er sich für diesen Anlass mit größter Sorgfalt ausgedacht hatte. Das Interesse seiner Freunde wuchs, und eines Abends wurden wir durch den Besuch einer großen Gruppe von Damen und Herren geehrt, die von dem oben genannten Autor geleitet wurde.

Bevor die kostbare Fracht aus den Droschken und Kutschen ausgeladen wurde, wurde die Nachricht ins Hinterzimmer weitergeleitet. So wie Schauspieler auf den Ruf des Bühnenmanagers reagieren, bereiteten wir uns darauf vor, unsere Rollen mit der uns wohlbekannten Finesse und

Detailgenauigkeit zu spielen . Damit meine ich, dass wir wussten, was von uns erwartet wurde, und dass wir unsere „Eigenschaften" so betonten, wie wir sie auf der Bühne in der Burleske gesehen hatten.

Der vielversprechende junge Schriftsteller war in Hochform. Mit unbändiger Freude stellte er uns einen nach dem anderen seinen Bewunderern vor und beobachtete die Wirkung unserer „alten" Begrüßungen. Der Chor der begeisterten Zustimmung war einstimmig. Wir waren „absolut charmant", „vollkommen aufregend" und „zu drollig für alles". Ermutigt durch diese herzliche Aufnahme unserer schwachen Bemühungen, übertrafen wir uns selbst und verübten in vorsätzlichster Raserei Körperverletzung, Tätlichkeiten und Mord an der englischen Sprache . Alles in allem war es ein Juwel des Slum-Mosaiks und ist den meisten Tätern noch immer in Erinnerung.

Nachdem wir unseren Auftritt gehabt und unser Programm durchgespielt hatten , erzählten uns unsere Freunde, wie „sehr froh, entzückt und erfreut" sie gewesen seien, uns zu treffen.

Die Türen hatten sich kaum hinter dem letzten Freund des vielversprechenden jungen Autors geschlossen, als alle Künstler zur Bar stürmten, um das Geld auszugeben, das man ihnen für ihre lehrreiche Unterhaltung gegeben hatte. Die Kommentare über die Besucher waren zahlreich und sehr treffend, wurden aber nicht im gekünstelten Dialekt geäußert. Es wurde viel gelacht und unser verspätetes Publikum wurde oft nachgeahmt, und keiner von uns hatte bemerkt, dass der vielversprechende junge Autor in Begleitung einiger Gäste zurückgekommen war, um nach einem Paar Handschuhe zu suchen, das eine der Damen vergessen hatte. Ein Teil unseres Gesprächs wurde belauscht, und das Gelächter ging auf Kosten des Autors.

Natürlich versuchten wir sofort, unseren Fehler zu korrigieren, und griffen wieder auf die Anrede „Cull" und „Covey" zurück, aber irgendwie war die Wirkung nicht überzeugend.

Einer seiner Freunde wandte sich bei seinem Abschied an den vielversprechenden jungen Autor:

„Alter Mann, dafür hast du sicherlich noch eine Medaille verdient, aber dieses Mal sollte es eine aus Leder sein."

Ich wusste damals nicht, worauf sich die obige Bemerkung bezog.

KAPITEL X.

BOWERY-POLITIK.

Die Totenglocke für die Spelunken hatte der Gesetzgeber geläutet. Allerdings war sie schon früher geläutet worden, ohne dass die Spelunken davon abgehalten worden wären, wieder aufzuerstehen. Aber das Laster war so weit verbreitet, so widerlich, dass die Rechtschaffenen der Stadt ihre Rückgrate ein wenig steifer als sonst hielten und darauf bestanden, dass ein Untersuchungsausschuss eingesetzt wurde.

Sämtliche Tageszeitungen verkündeten in großen Schlagzeilen die Ankunft der Inquisitoren , und die Bewohner des Höllenreichs begannen zu zittern wie gefallene Engel am Vorabend des Jüngsten Gerichts.

Kurz vor Beginn der Unruhen hatte ich eine meiner vielen Phasen der Mattigkeit und Gentleman-Müßiggang überwunden und die Stelle als Türsteher im „Slide" angenommen, der berüchtigtsten Spelunke, die je eine Gemeinde in Verruf gebracht hat.

Wenn ein Körper von einem Krebsgeschwür bedeckt ist, ist das gefährlichste Geschwür das erste, dem sich der Chirurg zuwendet. Aus diesem Grund wurde der „Slide" als erstes einer genauen Untersuchung unterzogen. Die Untersuchung war gründlich. Die Ermittler und Staatsanwälte, angetrieben von der Angst vor öffentlicher Kritik und dem Gedanken an einen politischen Aufstieg, waren gnadenlos, und als Folge davon wurde der „Slide" für immer geschlossen und der nominelle Eigentümer ins Gefängnis gesteckt.

Ohne die weitere Entwicklung abzuwarten, zogen sich die anderen Tauchlehrer aus dem Geschäft zurück und ein allgemeiner Säuberungsprozess erfasste alle Viertel der Stadt.

Die unmittelbare Folge davon war, dass die Lasterhaften ihre Wohnorte wechselten. Die Huren, ihrer gewohnten Geschäftsräume beraubt, versteckten sich in der Dunkelheit tugendhafter Umgebungen, und die Männer der untersten Spelunken versammelten sich in der Bowery, die immer der Abladeplatz für menschlichen Abschaum und Abfall war. In kurzer Zeit war die Bowery voll von einer murrenden Menge arbeitsfähiger Männer, von denen jeder die Welt um einen ehrlichen Tag Arbeit betrog und lauthals die Ungerechtigkeit verkündete, die sie ihres „Lebensunterhalts" beraubte. Schon die Erinnerung daran ist abscheulich.

Gemeinsam mit einer Reihe von Leuten, die wie ich durch diese „unangemessene Einmischung" „arbeitslos" wurden, richteten wir unser Hauptquartier in einer Kneipe ein, die einem Gesetzgeber gehörte. Natürlich war das „Hinterzimmer", anscheinend ein Anbau des Gesetzgebers, sehr präsent und in seinen Aktivitäten keineswegs ruhig. Wenn überhaupt, hatte das Geschäft hinter der „Teilung" an Volumen zugenommen, seit die anderen Spelunken, die von weniger einflussreichen Bürgern betrieben wurden, schließen mussten. Hier haben wir also ein weiteres der vielen Paradoxe unserer politischen Verhältnisse. Während seine Mitgesetzgeber die Stadt mit wirklich lobenswertem Eifer durchkämmten, um den Übeltäter in Stücke zu reißen, konnte man dieses Wesen aus ihrer Verwandtschaft täglich vor seiner Halle sehen, wie es sich im Glanz seines gestiegenen Wohlstands und Einflusses sonnte und mit selbstzufriedenem Lächeln über den Chatham Square hinweg auf die geschlossenen Fenster kleinerer Spelunken blickte.

Ja, wie die Römer die weisen und vaterlandsliebenden Männer in wallende Gewänder der Würde kleideten und sie Patrioten, Staatsmänner und Senatoren nannten, so nehmen wir – durch den Willen des Volkes – die Männer mit den fetten Wangen und dem fetten Bauch unter uns und setzen sie über uns auf die Sitze der Mächtigen und geben ihnen Macht über uns. Und wenn Sie über meine Aussage „von unter uns nach über uns" knurren und mir zornig mit dem Slogan der politischen und sonstigen Gleichheit gegenübertreten würden, würde ich Ihnen nicht im Weg stehen wollen, um ihnen gleich zu sein, sondern würde nur geringen Respekt vor Ihrer Integrität haben. Wie ich die Sterne erkenne, indem ich sie sehe, und nur kleine Unterschiede in ihrem Glanz feststelle , so erkenne ich die Schurken an ihrer Schurkerei, und es gibt nur kleine Unterschiede im Grad der Schurkerei.

Senatoren! Rom und Albany! Wäre doch der Zeitunterschied, der Unterschied der Jahrhunderte, der einzige Unterschied zwischen ihnen!

In allen Regierungen vom und für das Volk liegt die Gestaltung der Nation in den Händen des einfachen Volkes; jener großen Masse, die Sie „Pöbel" nennen würden, wenn das Wort nicht so kontinental klingen würde und die Gefahr bestünde, zitiert zu werden. Eine stets wachsame Presse behält Sie im Auge und würde Sie bereitwillig als Verletzer unserer heiligsten Besitztümer und Privilegien an den Pranger stellen : unserer heiligen Freiheit, unserer heiligen Gleichheit, unseres heiligen Wahlrechts und, keineswegs zuletzt, unseres heiligen schreienden Adlers, der oft vor lauter Qual schreit. Der Haufen aus Presse und großmäuligen Schwätzern hat es zum Verrat erklärt, die Wahrheit zu sehen und sie auszusprechen, und Sie müssen, um über den Verdacht erhaben zu sein, ein Verräter an dem Land zu sein, das Sie lieben, am 4. Juli Ihren Patriotismus in strömenden Pyrotechnik-Sphären entfesseln, der nach diesem einen Festtag für den Rest des Jahres in dem anstrengenden Streben, alles aus dem herauszuholen, was drin ist, vergessen wird.

Die einfachen Leute auf den Feldern und Wiesen pflügen, säen und ernten ihre Ernte. Sie reißen das Unkraut aus dem Nutzwuchs und zertreten es mit Füßen. Die einfachen Leute unserer Städte leben in der „Innenstadt" – dieser vagen und unbestimmten Region – in Mietskasernen und Baracken. (Beachten Sie, dass „Innenstadt" und „einfach" immer zusammen vorkommen.)

Sie haben keine Ahnung von Landwirtschaft, und da sie kaum Pflanzen oder Blumen sehen, findet selbst das Stinkkraut, denn es ist grün und belaubt, durch ihre Unwissenheit einen Platz und ein Willkommensgruß unter ihnen. Ja, mehr noch, es wird gehegt und gepflegt, bis es, wie alle Unkräuter, zu ungeheuren Ausmaßen heranwächst und jene überschattet und in den Schatten stellt, die ihm das Leben geschenkt haben, anstatt es mitsamt der Wurzel auszureißen und ihm die Ferse aufzudrücken.

Wer pflanzt das Unkraut? Wer sät es? Es ist ihnen egal.

Fällt auf sie nicht derselbe gesegnete Sonnenschein und Tau des Himmels wie auf das Korn und die Rosen? Und bekommen sie davon nicht mehr als von der Blume und der fruchttragenden Pflanze? Denn sie sind gierig und streben nach dem, was ihnen nicht nach Verdienst zusteht.

Nicht die meisten, sondern alle Männer, die ihre Rolle in unserer Geschichte so gut gespielt haben, dass sie für immer verewigt wurden, haben sich auf dem Feld und auf dem Bauernhof selbst hochgearbeitet. Denken Sie daran, dass sie dort das Unkraut vernichten!

Nicht die meisten, sondern alle Männer, die ihren guten Namen und Ruf aufs Spiel gesetzt und sich aktiv in die Angelegenheiten ihres eigenen Landes und Staates eingebracht haben, waren Selfmademan aus den Slums und Gossen, und ihre einzige Chance auf Verewigung war die Rogues' Gallery. Wir Stadtbewohner vernichten das Unkraut nicht!

Diejenigen aus der Gosse, die der Masse aufgezwungen und über sie gestellt wurden, halten die Daten ihres Erfolgs und ihrer prägenden Zeit geheim, wenn sie nicht erwischt werden oder nicht allzu bekannt sind. Wenn sie jedoch mit dem Kalzium in Konflikt geraten , das oft unerwartet dunkle Orte befällt, werden sie in ihrer unrechtmäßig erworbenen Macht arrogant und trotzig. Selbst gegen den Spott der Anständigen und zur Ehrfurcht ihrer eigenen Art schwingen sie sich auf das Podest des Selfmademan und nehmen ihre Pose ein. All dies soll eine Parallele zu mehreren Eisenbahn- und Kanalbootfahrern in unserer kleinen Geschichte darstellen, die, wie ein „Patriot" bemerkte, eine ganze Menge Anerkennung verdienen, „selbst wenn sie Bauern waren".

Wenn sie dann aus ihrer beunruhigenden Unbekanntheit ins Rampenlicht der Öffentlichkeit gedrängt werden, ist ihr Schrei der Reue? Schluchzen und rufen sie: „ Peccavi ! Ja, ich habe gesündigt! Ich habe dir und meinem Land Unrecht getan! Hab Erbarmen und vergib!"

Wäre das der Fall, wäre es der Schrei einer gequälten Seele, verfault und verzerrt, aber dennoch eine Seele, die der Chance auf Sühne würdig ist. Nein; was uns von dem usurpierten Podest erreicht, ist das selbstzufriedene Grunzen des Schweins: „Schau und sieh! Du weißt oder kannst ahnen, was ich gewesen bin! Schau jetzt und wundere dich, was ich bin und wie ich dahin gekommen bin!"

Diese Beleidigung wird doch sicher übelgenommen und der dreiste Schurke von seinem hohen Ross gezerrt, um für seine Beleidigungen und Übeltaten bestraft zu werden? Manche sind dumm und unamerikanisch genug, um ein solches Vorgehen vorzuschlagen. Was aber wirklich passiert, ist, dass die bewundernde Menge diesen Refrain der Selbstbeweihräucherung aufgreift. Dort erleben wir in beinahe anbetender Haltung, wie das trickreiche Spiel der Politik dazu führt, dass Freunde aller Art und aus allen Lebenslagen, Taschendiebe und steuerzahlende Bürger, Halsabschneider und dieses ganz besondere Tier, der intelligente Arbeiter, alle in gleicher Demut vor dem rumgetränkten Idol ihrer eigenen Schöpfung niederknien.

Ein Thema für tiefgründige Vermutungen ist, wo der Arbeiter seine vielgepriesene Intelligenz versteckt. Zu behaupten, etwas zu sein und sich dann als das Gegenteil zu beweisen, was in diesem Fall bedeutet, ein Narr zu sein, ist ein ziemlich absurdes Vorgehen. Vermutlich wird ein großer Teil dieser Intelligenz damit verbracht, ihre Rechte zu verteidigen, die niemand angreift. Heulen und Reden erfordern nicht viel Intelligenz, und der „intelligente" Arbeiter tut von beidem mehr als genug und ohne Zweck. Wenn die Zeit seiner Nützlichkeit naht – obwohl es die Zeit für ihn sein sollte, sich zu behaupten –, hört er mit seinem Heulen auf und hört auf die stark gewürzten Überredungskünste des schlauen Politikers – des Unkrauts, das er wachsen und gedeihen ließ – und wird zum sanft geführten Schaf, das nach der Wahl aufwacht und sich als Zwillingsbruder des Esels wiederfindet. Sie werden nicht erkennen, dass der aufrichtige Demagoge aufgrund seiner Aufrichtigkeit ein weitaus besserer Führer wäre als der unehrliche Politiker aus der Gossenrasse.

Kein Mensch kann sich seinen Geburtsort aussuchen. Villen und Mietshäuser haben jeweils ihren Anteil an ehrlichen und unehrlichen Menschen geliefert. Wenn der aus der Gosse herauskommt und mit den Mitteln eines Mannes und Amerikaners dorthin gelangt, wird es ihm nicht an Respekt und Wertschätzung derjenigen fehlen, für deren Aufnahme er gekämpft hat. Das ist es, was beweist, dass dies das Land der unbegrenzten Möglichkeiten ist und darin wahre Gleichheit liegt.

Es gibt einen anderen Weg, aus der Gosse herauszukommen, und diesen Weg beschritten Staatsmänner vom Schlage des ehrenwerten Michael Callahan von der Staatslegislative.

Mike Callahans Platz in der Gartenbaukunst gehörte ganz entschieden zu den schlimmsten Unkräutern. „Lucky" Callahan, wie er manchmal genannt wurde, war dem lästigen Kalk der öffentlichen Meinung entgangen, und aus diesem Grund war nur wenig über seine Herkunft bekannt, außer seinen Vertrauten. Vielleicht war er Schuhputzer, vielleicht Zeitungsjunge, aber er hatte schon früh gelernt, sich seinen Vorgesetzten unterzuordnen, freundlich zu seinen Gleichgestellten und herablassend zu seinen Untergebenen zu sein. Natürlich zog er diese sozialen Grenzen entsprechend seiner Ansichten.

Mikes Streben nach politischer Anerkennung war von Anfang an aggressiv, und da er weder ein anderes Ziel noch einen anderen Ehrgeiz hatte, stürzte er sich mit aller Energie in das Spiel der Intrigen und des Drahtziehens. Er stellte nie Fragen, gehorchte immer und wurde zur idealen Formmasse, die von den unternehmungslustigen Chefs der Organisation geformt werden konnte. Seine Beförderung vom Bezirksleiter zum Hauptmann und vom Hauptmann zum Leiter des Bezirks war seine logische Belohnung.

Doch trotz seiner Nützlichkeit gelang ihm sein Aufstieg zur Führungspersönlichkeit nicht an einem Tag. Das machte ihm nicht viel aus, denn seine Bulldoggen-Zähigkeit hielt ihn seinem letztendlichen Ziel treu. Seine Männlichkeit und Individualität , was immer sie auch gewesen sein mochten, hatte er schon lange geopfert.

Um seine eigene Macht im Distrikt zu stärken, musste er den Einfluss des amtierenden Führers schwächen, und um dies zu erreichen, griff Callahan, der keine Ahnung von Diplomatie hatte, auf schlichten Verrat zurück. Die Tatsache, dass der abzusetzende Führer sein Wohltäter und treuer Freund gewesen war, spielte keine große Rolle. Natürlich tat es Mike leid, aber was konnte er tun? Sich zurücklehnen und seine Chancen verspielen? „Nicht viel", sagte er und erfand den nützlichen und oft zitierten Satz: „Freundschaft passt nicht zum Poker und zur Politik."

Mikes Übernahme der Führung erfolgte mit entschlossenen Methoden. Er war nicht vage. Die großen Führer der Geschichte der Nationen waren mit Eigenschaften und Charakterzügen der höchsten und edelsten Art ausgestattet. Mikes ausgeprägteste Eigenschaft in seiner Funktion als Führer war Direktheit. Dies ermöglichte es einigen der brillanten jungen Männer der Parteipresse, ihn als „robust, rau, robust, offen und direkt" zu bezeichnen.

Der Bezirk hatte eine Bevölkerung, in der intelligente Arbeiter nicht besonders stark vertreten waren. Die wenigen, die in den vielen Pensionen lebten, glaubten kaum noch an die Würde der Arbeit und schufteten nur so viel, wie sie mit ihren Vermietern und Schnapshändlern „im Reinen" waren. Trotzdem waren sie von Nutzen. Sie konnten wunderbar über die Rechte der Arbeiter reden und wurden – vor dem Wahltag – ermutigt , großspurig über die tyrannische Unterdrückung des amerikanischen Arbeiters durch die Gegenpartei zu schwadronieren.

Die große Mehrheit der Wähler in diesem Distrikt gehörte zur Klasse der Korruptionstäter und schon aus diesem Grund war der ehrenwerte Michael Callahan von der Staatslegislative ihr geborener Anführer.

Callahan war kurz vor der Wahl am besten. Dann musste kein Mann und keine Frau – leider gaben die Damen des Bezirks zu sehr nach – in den Fängen des Gesetzes verweilen. Es war die heilige Pflicht des Führers, täglich beim Polizeigericht vorzusprechen, um seine Wähler und ihre „Freundinnen" vor ihrem drohenden Schicksal zu retten.

Am Vorabend der Wahl musste keine Zeit mit Spekulationen darüber verschwendet werden, wie viel der freie und unabhängige Wähler für die Ausübung seines heiligen Wahlrechts erwarten konnte. Mikes Ultimatum würde den Marktpreis der Stimmen anhand des vom Hauptquartier der Organisation übermittelten Betrags festlegen. Ein, eineinhalb oder zwei Dollar waren die gezahlten Sätze, wobei der letztgenannte Satz nur zur Liquidierung des Anspruchs des Wählers in den kritischsten Zeiten gewährt wurde. Auf diese Weise konnte der Wähler mit Sicherheit rechnen und mit sehr wenig Unterbrechung seine Abhandlung über die Verbesserung der Kommunal- und Landespolitik fortsetzen.

Die wichtigsten Ereignisse unserer Geschichte fanden in einer Umgebung strengster Einfachheit statt. Keine Marmorhalle , kein erhabener Ratssaal, nur der Common mit seinem grünen Rasen und der kräftigen Eiche war der bevorzugte Versammlungsort unserer Vorfahren. Im Schatten des mächtigen Baumes sprachen sie von Freiheit, von den Menschenrechten und vom Wohlergehen unseres Landes, und wir profitieren heute von ihrer Integrität, trotz der Machenschaften von Politikern, deren Gedanken selbst eine Beschmutzung des Patriotismus sind.

Als sorgfältiger und aufmerksamer Student der amerikanischen Geschichte versuchte der ehrenwerte Mike, so weit wie möglich der Tradition gerecht zu werden. Die Sitten haben sich geändert, die Zivilisation hat Fortschritte gemacht, die Immobilienpreise sind gestiegen und die politischen Führer von heute haben sich gezwungen gesehen, die alten Commons durch Kneipen und Spelunken zu ersetzen. Außerdem „gibt es in Commons nicht viel", außer wenn die Stadtväter in der Güte ihres wohltätigen Herzens beschließen, einen weiteren Ort zum Atmen und einen Spielplatz für die armen Kinder der East Side zu schaffen und so eine „Chance bei" den Grundstückseigentümern des Geländes bekommen.

Wenn man ein Anführer ist, muss man tun, was Anführer tun. Mike konnte nicht von der gewohnten Praxis abweichen, und, nolens volens , war plötzlich Besitzer einer Spelunke. Aber obwohl er sich dazu gezwungen sah, hatte er wenigstens die Genugtuung, diese Ergänzung seines gesetzgebenden Büros auf dem Common oder Square, wie er heute genannt wird, zu eröffnen. Es gab zwar keine robuste Eiche und keinen grünen Rasen, aber es gab erhöhte Eisenbahnpfeiler, und ihr Schatten reichte völlig aus, um Nebenthemen der Politik zu besprechen. Die Eiche trägt nur Eicheln. Die Pfeiler und ihre Schatten trugen bessere Früchte mit silbrigem und goldenem Glanz, und ihre Robustheit war den Rücken der vielen müden Pilger oft willkommen, die von weit her gereist waren, um den reinen Trank amerikanischen Patriotismus zu trinken, den der ehrenwerte Michael Callahan von der Staatslegislative austeilte.

Mit der typischen Bescheidenheit großer Männer verzichtete Mike darauf, das Äußere seines Anwesens zu protzig zu gestalten. Diese oberflächliche Anziehungskraft seines Resorts war absolut unnötig, da sein nachhaltigerer Ruhm – einige Kritiker nannten ihn „schändliche Berühmtheit" – fest etabliert war. Hatte er nicht mehrere Faustkämpfe mit „aufdringlichen" Polizisten auf seinem Konto und wagte er es nicht offen und trotzte allen bekannten Autoritäten, sich mit ihm anzulegen? Er fürchtete niemanden außer einem, und nur diesen einen, weil er ein erfolgreicherer Schläger war als er selbst und der Große Führer und Häuptling.

Spelunken bestimmter Art bemühen sich nicht, durch helle oder wenigstens ordentliche und saubere Fassaden flüchtige Gäste anzuziehen. Ihr Geschäft wird nicht von ehrlichen Leuten bedient, die nach einem ehrlichen Ort für einen ehrlichen Drink suchen. Sie sind auf den Strandgut angewiesen, der eine Spelunke blind finden kann. Callahans Lokal war von vorne eher suggestiv als attraktiv und das Innere war in seiner strengen Schlichtheit geradezu blendend. Sägespäne und Spuren von früherem Auswurf waren die auffälligsten Merkmale in der Bar, die sich nur über die gesamte Länge der Bar erstreckte. Am Ende beanspruchte eine Trennwand eifersüchtig den Rest des Raumes für das Hinterzimmer. Dort, und nicht vorne, wurde das eigentliche Geschäft abgewickelt. Vorne ein Anschein von Ehrwürdigkeit, hinten ohne jeglichen Anschein.

Ich kann Ihnen nicht sagen, was die wahre Attraktion des Hinterzimmers ausmachte. In der Mitte des Raumes war ein minimaler Raum zum Tanzen reserviert und von Tischen und Stühlen umgeben, die allabendlich von jungen Männern und Frauen besetzt wurden, von denen viele in der unmittelbaren Nachbarschaft geboren und aufgewachsen waren, unter den Augen des gesetzgebenden Kneipenwärters. Aber diese Tatsache änderte nichts an diesem abscheulichen Ding, das durch unsere Ermächtigung ermächtigt war, Gesetze zu erlassen, die Heim, Eigentum und Leben schützen sollten.

Mike Callahans Saloon am Chatham Square. Der Eingang zu Chinatown auf der rechten Seite.

Und dort, im sicheren Schutzradius unseres Freundes und Staatsmannes, fanden wir einen Ruheplatz für unseren erzwungenen Rückzug von allen Tauchaktivitäten, und dort, in all meiner Unreinheit, kam der süße Bote eines neueren, besseren Lebens zu mir und entführte mich aus diesem Leben durch die allmächtige Überredungskunst einer unstillbaren Liebe.

Bevor ich Ihnen erzähle, wie mich dieses Wunder auf eine Weise verändert hat, die meine Beschreibungsgabe auf die Probe stellen wird, muss ich Ihnen von dem einzigen Versuch berichten, den wir – ich und zwei Freunde – unternahmen, um dem Leben zu entkommen, das das einzige war, das wir kannten.

KAPITEL XI.

EINE PILGERFAHRT IN DIE NATUR.

Es war im Mai. Der Gehweg vor Mike Callahans Kneipe war breit, und wir, die Bande entlassener Mitarbeiter der Kneipe, hatten die Angewohnheit, auf den leeren Bierfässern am Bordstein herumzulungern oder uns an die Schwingtüren des Lokals zu lehnen. Leute, die wir aus den „besseren" Tagen kannten, als wir noch arbeiteten, kamen oft vorbei und wurden von uns eifrig begrüßt, in der Hoffnung, dass sie uns etwas zu trinken spendieren würden, um unsere durstigen Kehlen zu erfrischen.

Faulenzer werden von allen Menschen verachtet, die ein nützliches Leben führen, und das zu Recht. Dennoch ist es sehr bewegend, über das trostlose Dasein dieser Kerle nachzudenken. Mit Gehirnen, die so leer sind wie ihre Taschen, versammeln sie sich mit lobenswerter Regelmäßigkeit in ihren Open-Air-Clubs und verschwenden ihre Tage mit pessimistischen Vermutungen. Der Faulenzer ist ein geborener Pessimist und Zyniker. Egal, welches Thema oder Ereignis Sie ihm gegenüber erwähnen, er wird darüber spotten und sofort fortfahren, es in Stücke zu reißen. Seine Kritik ist ebenso beißend sarkastisch wie seine Entschuldigungen raffiniert sind. Fragen Sie ihn nach seiner Meinung über die Arbeit eines erfahrenen Mechanikers, und er wird eine Vielzahl von Fehlern finden und dann darlegen, wie die Arbeit hätte erledigt werden sollen. Überrascht von seinem technischen Wissen fragen Sie in mildem Ton, warum er seine offensichtlichen Fähigkeiten nicht in die Praxis umsetzt, und sind sofort schockiert, einem Mann so etwas vorzuschlagen, der so viele hochmütige und überzeugende Gründe hat, ein Faulenzer zu bleiben.

Faulenzer lauern immer im Vorzimmer des Verbrechens. Wenn Seine Satanische Majestät sich an die Seinen erinnert und sie ruft, führen sie bereitwillig und ohne Skrupel jede krumme Tat aus, sofern sie nicht zu viel körperlichen Mut erfordert. Nach einiger Zeit scheint das Verbrechen leicht zu sein, sie wurden noch nicht gefasst, und aufgrund ihrer Vertrautheit mit dem Bösen und nicht aufgrund eines kürzlich erwachten Mutes begehen sie Taten, die jeder gewissenhafte Reporter als „verzweifelt" bezeichnet.

Jack Dempsey, Frank Casey und ich bildeten eine Art inneren Kreis innerhalb der größeren Gruppe. Wir philosophierten oft zusammen, tauschten Ideen aus und kommentierten Dinge im Allgemeinen. Bei einer unserer Besprechungen schien Frank Casey völlig desillusioniert zu sein.

„Was ist los mit dir, Frank?", fragte ich.

„Was glauben Sie, was los ist? Mir fehlt nichts, außer dass ich dieses Spiel todmüde bin." Wir konnten sehen, dass er von einer unerwarteten Emotion tief bewegt war und großes Interesse an deren Entwicklung hatte.

„Ich sage Ihnen, was ich gerne tun würde", fuhr er fort. „Ich würde das alles gerne hinter mir lassen und irgendwo arbeiten gehen. In diesem Leben gibt es nichts zu beschönigen, und es ist jeden Tag dasselbe. Sehen Sie, es ist Jahre und Jahre her, seit ich das getan habe, was man einen ehrlichen Tag Arbeit nennen könnte."

„Ach, das ist nur ein Scherz!"

"Soll das ein Scherz sein?", wiederholte er empört. "Sag mal, Kil , und du auch, Dempsey, ich war in meinem Leben noch nie so ernst. Was haben wir davon? Wir hängen den ganzen Tag hier rum, suchen nach Schmiergeld und ein paar Pennys, um ins Bett zu gehen oder uns einen Rindereintopf zu kaufen; und wenn ein Kerl ein bisschen Geld verdient, nützt ihm das was? Auf keinen Fall! Wenn du es protzt, musst du es für Alkohol verprassen, und wenn du das nicht tust, halten sie dich für nichts wert, und die ganze Bande wird böse auf dich. Ein Kerl, der arbeitet und seine anderthalb oder zwei Dollar am Tag verdient, ist besser dran als wir alle zusammen."

„Um Himmels Willen, denkst du nicht daran, zur Arbeit zu gehen?"

„Das ist genau das, was ich tue, und je früher ich damit anfangen kann, desto besser", bekräftigte Casey mit Nachdruck.

Es folgte eine hitzige Diskussion. Es ist schwer zu sagen, ob es an der Neuheit des Vorschlags oder an Caseys offensichtlicher Aufrichtigkeit lag, aber Dempsey und ich begannen, sehr ernsthaft darüber nachzudenken.

„Sag mal, Casey", fragte ich, „angenommen, wir drei wollten wirklich arbeiten, wo könnten wir denn Arbeit finden? In Geschäften und Fabriken werden Männer wie uns nicht aufgenommen, obwohl dort jeden Tag eine ganze Menge ausgebildeter Hilfskräfte auf Arbeitssuche sind. Selbst wenn wir also Arbeit wollten, könnten wir keine finden."

„Stimmt das? Sie reden, als wäre New York City das einzig Wahre. Was ist denn mit dem Land los? Dorthin sollten wir gehen, denn hier werden wir es nie zu etwas bringen. Erstens, selbst wenn wir hier Arbeit fänden, würden wir drei am ersten Zahltag ins Saufen gehen und dabei bleiben, bis wir pleite sind. Aber auf dem Land hat man keine Chance, sein Geld auszugeben, und es ist gesund und sowieso besser."

Die Bürgschaft von Casey amüsierte mich.

„Würden Sie mir sagen, wo Sie jemals in diesem Land gewesen sind, dass Sie so viel darüber wissen, und woher Sie Ihre Informationen haben?"

„Das macht keinen Unterschied", beharrte Casey stur. „Ich weiß, dass jedes Jahr um diese Zeit viele Leute nach Philadelphia oder Jersey oder sonst wohin gehen und wie neugeboren und mit Geld vom Erdbeerpflücken und was auch immer dort sonst wächst, zurückkommen."

Wir steckten die Köpfe zusammen, diskutierten die Sache, kamen zu dem Schluss, dass es uns auf dem Land sicher nicht schlechter gehen würde als in der Stadt und beschlossen, unser Glück beim Erdbeerpflücken zu versuchen.

die Finanzierung unserer Expedition . Wir stritten uns und sammelten ungefähr sechs Dollar als unser gemeinsames Kapital. Casey ging auf einen geheimen Auftrag, um sich bei einer bekannten „Hobo"-Behörde zu erkundigen, wohin er gehen und wie er dorthin gelangen sollte, und verpflichtete sich dann, die Reise in das unbekannte Land persönlich durchzuführen.

Gepäck belastete uns nicht. Ich hatte daran gedacht, meinen guten alten Kumpel Bill mitzunehmen, wollte ihn aber nicht den Gefahren aussetzen, die zweifellos auf uns lauerten.

An der Fähre hisste Casey seine Flagge und las uns die letzten Befehle vor. Um unser kleines Kapital zu retten, sollten wir zu Fuß gehen oder auf Güterzüge aufspringen. Außerdem sollten wir aus Sparsamkeits- und Klugheitsgründen keinen einzigen Tropfen irgendeines Rauschmittels zu uns nehmen.

Das erste Problem ereignete sich in Hoboken. Es war unmöglich, einen Güterzug zu bekommen. Dempsey und ich wussten nie, warum wir keine Anschlüsse bekamen, denn Caseys Plausibilität verdrängte die Frage aus unseren Köpfen und ließ uns ihm blind folgen.

Wir gingen von Hoboken nach Newark. Es war ein glühend heißer Nachmittag, der Sand war heiß und schwer unter den Füßen, und unsere Münder trockneten unangenehm schnell aus. Wir kamen an ein paar Brunnen und Pumpen vorbei, aber Casey erlaubte uns nicht, unseren Durst zu löschen, denn „Newark ist nur einen Schritt oder so weiter und es ist gefährlich, sich mit den Landleuten anzulegen. Sie haben Hunde und sind ziemlich misstrauisch gegenüber Leuten wie uns, die aus New York kommen."

Ach, wirklich, es wäre die vertrauensseligste und unkomplizierteste Natur gewesen, die uns gegenüber keinen Verdacht geschöpft hätte, ganz gleich, woher wir kamen. Drei harte Exemplare der Menschheit waren wir tatsächlich!

Wir machten keinen Halt, bis wir den Bahnhof in Newark erreichten. Eine ziemliche Menschenmenge hatte sich versammelt, um auf einen ein- oder ausfahrenden Zug zu warten, aber wir rannten, ohne den vielen misstrauischen Blicken in unsere Richtung die geringste Beachtung zu schenken, zum Eiswassertank, bereit, uns mit dem kühlenden Getränk vollzustopfen.

Casey war als letzter an der Reihe, sich den angeketteten Blechbecher zu gönnen. Er fing prächtig an, hielt aber nach dem ersten Schluck inne und schmatzte äußerst kritisch mit den Lippen.

„Schmeckt das Wasser komisch?"

Unsere Antwort war verneinend.

„Da stimmt trotzdem etwas nicht", beharrte Casey. „Und wissen Sie, das Schlimmste, was man zu dieser Jahreszeit tun kann, ist, schlechtes Wasser zu trinken."

„Aber wir müssen etwas trinken. Wir werden kein Bier trinken und ich gebe ungern Geld für Limonade, Ginger Ale und solche Sachen aus", bemerkte Dempsey.

„Das stimmt schon", gab Casey zu, „aber ich sage Ihnen, was wir tun werden. Derselbe Kerl, der mir Tipps gab, wie ich zu den Erdbeeren komme, hat mir auch erzählt, dass das größte Glas Bier des Landes genau hier in Newark verkauft wird. Wir werden zwar nicht satt oder so, aber da das Wasser nicht trinkbar ist, können wir uns vielleicht eines holen, nur eines dieser größten Schoner, die ich noch nie gesehen habe und die nicht nur unseren Durst löschen, sondern auch einen Blick wert sind, genau wie alle Kuriositäten."

Ohne die Hilfe eines Baedekers fanden wir den Weg zu Newarks interessantestem Ort. Wir betraten die gastfreundliche Taverne gegen sieben Uhr und blieben um zehn Uhr noch immer dort und bewunderten die Größe und Schönheit der größten Biere der Welt.

Unabhängig von der Größe des Getränks reicht allein das Bier – niemals ein Produkt aus Malz und Hopfen –, ein widerwärtiges Gebräu aus schädlichen Chemikalien, aus, um den Genießer weit über die beunruhigendsten Probleme zu erheben. Spät in dieser Nacht wurden die ruhigen Straßen von Newark von drei unsicheren Musketieren entweiht, die sich singend und lachend auf den Weg zu den „Wiesen" machten.

Nur ein weiterer Vorsatz, der gefasst und gebrochen wurde. Es war nicht der erste und nicht der letzte.

Draußen auf den „Wiesen", dem Güterbahnhof, wo die Güterzüge zusammengestellt wurden, gelang es uns nach vielen Unfällen, darunter Caseys Sturz von einem fahrenden Zug in einen Graben, gegen Mitternacht einen Zug zu erreichen. Wir waren erst etwa eine Meile gefahren, als ein

Zugführer, der mit einer brennenden Laterne von Waggon zu Waggon ging, uns zwischen den Stoßstangen zusammengekauert sah.

"Wohin geht ihr, Jungs?"

„Philadelphia", kam die Antwort in schläfriger, schläfriger Stimme.

„Sie sind im falschen Zug. Dieser Zug fährt zur ‚Zweigstelle‘."

Damals wussten wir nicht, dass es sich dabei nur um einen üblichen Trick handelte, um Landstreicher zum Verlassen des Zuges zu bewegen, und nahmen es für bare Münze.

„Wohin, sagte er, gehen wir?", fragte Casey.

„Zur ‚Filiale‘, wo immer die auch sein mag", antwortete ich.

„Dann sollten wir wohl besser aussteigen. Dieser Zug fährt nicht nach Philadelphia", schlug Dempsey vor.

"Wofür steigen wir aus? Dieser Zug fährt doch irgendwo hin, oder? Und es ist ziemlich egal, wohin er fährt, solange er irgendwohin aufs Land und weg von New York fährt", sagte Casey, offensichtlich mit der Absicht, weitere Diskussionen zu beenden.

Die schwere, feuchte Nachtluft und das Getränk, das wir zu uns nahmen, wiegten uns in einen tiefen Schlaf, in dem wir unsere prekäre Lage vergessen konnten. Wir waren stundenlang gereist, ohne aufzuwachen, und wurden erst geweckt, als die Kälte in unseren Gliedern tatsächlich schmerzhaft wurde. Ohne ein Wort zu sprechen und uns nur gegenseitig anzustarren, stolperten wir immer weiter ins Unbekannte und in den anbrechenden Morgen.

Plötzlich bot sich uns ein herrlicher Anblick. Der Zug kam aus dem Waldgebiet heraus, raste eine ebene Strecke entlang und wir blickten auf die Fata Morgana einer Großstadt. Die Größe, die Helligkeit der Beleuchtung und die Entfernung von New York ließen keinen Zweifel daran, dass wir nicht weit von Philadelphia entfernt waren, und hätten wir gewusst, wie man betet, hätten wir es sicher getan. Ich habe diese Erfahrung nie bereut und verspüre noch immer kein wildes Verlangen, sie zu wiederholen. Es gibt leichter erreichbare Freuden im Leben als die Fahrt auf den Stoßstangen eines Güterzuges an einem kalten Maimorgen.

Street in Philadelphia entlangschlichen . Nachdem wir uns gegen die schlimmen Folgen unserer betäubenden Reise mit der Verkostung von Whiskey aus der Speakeasy-Bar gestärkt hatten, besuchten wir „Dirty Mags" berühmtes Nachtrestaurant in der Sixth Street und aßen Steak-Pie und Kaffee, Krapfen inklusive. Die Rechnung belief sich auf zehn Cent.

Wir waren von der Reise so erschöpft, dass es nicht in Frage kam, unsere Reise fortzusetzen. Unten in der Calomel Street fanden wir einen Ruheplatz für unsere müden und gefrorenen Knochen für 15 Cent pro Couch. Es war fast Mittag, bevor wir aus unserem Schlaf erwachten und eine Konferenz abhielten. Am Ende begaben wir uns zum nahegelegenen Lebensmittelladen und gaben fast den gesamten Rest unserer erschöpften Kassen aus, um Proviant für unsere Reise in die Wildnis von Pennsylvania zu kaufen. Danach kehrten wir nach einem letzten Abschiedstrunk Philadelphia den Rücken und machten uns mutig auf, unser Glück zu machen.

Gerade als wir die Vororte erreicht hatten, erinnerte uns unser Magen daran, dass wir das Frühstück vergessen hatten. Ein einladender Baum stand in der Nähe, ein kristallklarer Bach plätscherte an unseren Füßen vorbei und der Platz schien wie geschaffen für einen Picknickplatz. Der Genuss des Essens wurde jedoch durch den Gedanken getrübt, dass wir nun weder Mittag- noch Abendessen bekommen würden.

„Was bringt es, sich jetzt darüber Sorgen zu machen? Außerdem müssen wir dann nicht so viel tragen", tröstete uns Casey.

Wir standen auf und begannen unsere Wanderung. Stundenlang wanderten wir, schenkten den Dingen um uns herum kaum Beachtung und unterhielten uns nur oberflächlich. Keiner von uns kannte den Weg ins „Erdbeerland", und wir waren oft gezwungen, Leute, denen wir begegneten, nach dem Weg zu fragen. Dabei hatten wir wenig Glück. Die meisten Leute, die wir ansprachen, knöpften schnell ihre Mäntel zu und eilten weiter, ohne auf uns zu achten. Andere blieben kaum stehen und warfen uns so kleine Informationsbrocken zu, dass sie uns, anstatt uns aufzuklären, nur noch mehr verwirrten. Schließlich hatte Casey diese Art der Informationsbeschaffung satt und platzte mit seiner neuesten und brillantesten Eingebung heraus.

„Es hat keinen Sinn, einen dieser Männer zu fragen. Die meisten von ihnen sind Hinterwäldler und waren in New York und wurden betrogen . Sie merken sofort, dass wir aus New York sind und gehen mit uns kein Risiko ein. Bei Frauen ist es anders. Sie sind immer nett und sanft, vor allem, wenn man sie so anspricht, wie ich es kann. Überlassen Sie das mir. Fragen Sie keine Männer mehr. Warten Sie, bis wir ein paar Frauen kennenlernen, dann werde ich sie fragen, und dann werden Sie über den Unterschied überrascht sein."

Casey, der diese Rede mit stolzgeschwellter Brust gehalten hatte, erwies sich als wahrer Prophet. Wir stellten fest, dass es einen Unterschied in der Art und Weise gab, wie Männer und Frauen unseren Ansatz aufnahmen.

Es dauerte nicht lange, bis uns zwei Frauen mit Körben entgegenkamen.

„Nun, Jungs, bleibt ein wenig zurück und seht mir zu, wie ich das mache", war Caseys letzte Anweisung.

Casey strich sich schnell mit den Händen über die Kleidung, schob seinen Hut keck übers Ohr und ging mit der ihm eigenen Anmut seinem Schicksal entgegen.

Dempsey und ich konnten die ersten Worte nicht hören, aber das war auch nicht nötig, da die Auswirkungen sofort sichtbar waren.

Eine Frau begann, Casey mit ihrem Regenschirm zu schlagen, während die andere versuchte, ihren Einkaufskorb auf seinen Kopf zu packen. Als sie sahen, dass Dempsey und ich zur Rettung eilten, ließen sie Casey zurück und rannten mit ihm über die Felder, riefen uns aber mit Nachdruck zu, dass sie uns den Sheriff oder Polizisten hinterherschicken würden.

„Um Himmels Willen, was hast du zu diesen Frauen gesagt?", fragte ich Casey, nachdem ich ihm den Korb vom Kopf gezogen hatte.

"Was habe ich ihnen gesagt? Sie sind nicht zivilisiert, und es ist egal, was ein Kerl zu diesen netten Leuten sagt. Ich habe mit ihnen wie mit einem normalen Kerl gesprochen. Das habe ich gesagt: , Ist das nicht ein schöner Morgen, Mädchen? Wir sind Fremde hier und mochten dieses Land nicht besonders, bis wir das Glück hatten, euch zu sehen, die ihr süßer als jeder Zucker seid, und jetzt würden wir gerne hier bleiben, wenn ihr uns den Weg dorthin zeigt, wo die Erdbeeren wachsen und wo es so viele Mädchen gibt, die so schön sind wie ihr!' Und in der Minute, in der ich das sagte, haben sie mich durchnässt."

Wir trösteten Casey und setzten unsere Wanderung fort.

Es war inzwischen später Nachmittag und ich beschloss, dass wir etwas über unseren Aufenthaltsort erfahren sollten. Ich hielt den nächsten Mann, den wir trafen, so an, dass er uns nicht entkommen konnte.

Nachdem ich ihm versichert hatte, dass wir nicht die Absicht hätten, ihn auszurauben, bestand ich auf korrekten Informationen.

Können Sie sich unsere Gefühle vorstellen, als er uns erzählte, dass wir unsere Zeit und Energie darauf verwendet hatten, Kreise um Philadelphia zu beschreiben, ohne von der Stadt wegzukommen?

Dempsey und Casey versuchten nicht, ihren Kummer zu verbergen. Der Schlag war zu niederschmetternd. Auch ich war furchtbar entmutigt, wollte aber nicht aufgeben.

„Es hat keinen Sinn, umzukehren. Wir sind jetzt hier und müssen weiter. Wenn wir nach Philadelphia zurückkehren, können wir genauso gut nach New York zurückkehren. Wir sind jetzt auf dem Land und können genauso gut hier bleiben. Es ist mir egal, was ihr Jungs macht, ich werde weitermachen."

Der letzte Satz war ein fürchterlicher Bluff. Hätten Dempsey und Casey beschlossen, nach New York zurückzukehren, wäre ich ihnen sofort gefolgt. Glücklicherweise übernahmen sie meine Sichtweise und wir setzten unsere traurige Pilgerreise fort.

Jetzt waren wir sicher, mitten ins Landesinnere vorzudringen, und es fehlte nicht an Beweisen dafür. Die Vorstadtvillen wurden immer weniger, und wir mussten eine beträchtliche Strecke laufen, bevor wir an einem weiteren Bauernhaus vorbeikamen. Mit unserer angeborenen Sturheit stapften wir weiter, bis unsere Beine uns fast nicht mehr gehorchten.

Es war die Stunde, in der der Abend unabsichtlich der Nacht den Vorrang gibt. Wir spürten es, wie Casey in seiner Antwort auf Dempseys Frage nach der Uhrzeit bewies.

„Also, wenn es so aussieht, fangen sie bei Callahan immer an zu leuchten, und zwar gegen sieben Uhr."

Wieder schwiegen wir und marschierten und marschierten. Als nächster sprach Dempsey.

„Sagt mal, Jungs, ich habe noch keine Erdbeeren gesehen. Und selbst wenn wir jetzt welche sehen würden, könnten wir heute Abend nicht mehr daran arbeiten, weil es schon so spät ist. Ich glaube, das Beste, was wir tun können, ist, uns irgendwo hinzusetzen und auszuruhen."

Nur noch ein paar Schritte und wir sahen eine Stelle, die Sie als Tal bezeichnet hätten. Wir sagten nichts, sahen nur das weiche Gras und ließen uns einmütig darauf nieder.

Der Ton des Abends war jetzt unmissverständlich klar. Der Abend und sein Partner, die Dämmerung, waren im letzten und besten Moment ihrer Vorherrschaft. Viel zu kurz sind die Abende auf dem Land, diese kurzen Stunden des neutralen Zustands der Natur, bevor sie sich zu ihrer wohlverdienten Ruhe zurückzieht. Aber das fühle ich erst jetzt und damals nicht.

Denken Sie daran! Dies war meine erste Nacht in Gottes Land. Wie Tausende andere, die in der südöstlichen Ecke Manhattans – entlang der Bowery – leben und sterben, hatte ich noch nie die Natur gesehen. Ich hätte kein Gänseblümchen von einer Rose oder eine Krähe von einem Rotkehlchen unterscheiden können. Alles, was ich hier schreibe, sind die Eindrücke, die mir von dieser, meiner ersten Nacht in der Natur, im Gedächtnis geblieben sind.

Es war ein großartiger Moment in unserem Leben, aber wir haben ihn nicht gespürt. Moment, ich irre mich! Wir haben ihn gespürt, vielleicht unbewusst, aber wir haben ihn gespürt. Unsere Art redet nicht viel , wenn sie etwas Wichtiges tun. Dann konzentrieren wir unsere Energie auf unsere Aufgabe, egal wie schmutzig sie auch sein mag. Sobald wir uns ausruhen, verändern wir uns, und aus der stummen Plackerei wird eine wahre Elster. Wir drei ruhten uns aus, als wir wie drei Gänseblümchen in der Wildnis in unserem Tal saßen, aber überall um uns herum war etwas, das unseren Redefluss daran hinderte, in Gang zu kommen.

Wir saßen da und starrten, und die unbedeutendsten Veränderungen in der ruhigen Szene vor uns hinterließen unerkannte, aber dennoch tiefe Eindrücke bei uns. Und wenn ich auf all die Jahre zurückblicke, die seitdem vergangen sind, sehe ich alles noch immer vor mir, obwohl ich nicht versuchen kann, es Ihnen bildlich vorzustellen.

Von unserem Platz aus sah es vor uns aus wie die Kulisse eines großartigen Theaterstücks. Auf beiden Seiten waren kleine Waldstücke zu sehen, die gerade weit genug voneinander entfernt waren, um als Kulissen der Bühne zu dienen. Dahinter befand sich ein großartiger, majestätischer letzter Abhang, eine Hügelkette, die sich ununterbrochen von dort, wo wir hinsehen konnten, erstreckte. Die Besetzung, die Schauspieler des Stücks, wurden von all den vielen Lebewesen um uns herum gestellt, und über allem hingen wie der letzte Vorhang die Vorboten der kommenden Nacht.

Es war kein turbulentes Melodram, keine ausgelassene Farce, es war ein so erfolgreiches, so klug komponiertes und inszeniertes Pastoralstück, dass es seit seiner Premiere jeden Abend im Laufe der Jahrhunderte aufgeführt wurde. Kein Wunder, dass die Szene, wie wir sie sahen, nach so vielen Proben perfekt gespielt wurde.

Aus einer Schießscharte im Himmel kam ein Vogel mit unerschütterlichem Schwung auf uns zugeflogen. Nacht für Nacht flog er denselben Kurs, Nacht für Nacht hatte er dieselbe Aufgabe , nämlich den jungen Küken im Nest über unseren Köpfen ihren Anteil zu bringen. Auf der Straße kam ein knarrender, schwerfälliger Bauernwagen. Der Bauer sah uns misstrauisch an, wünschte uns aber dennoch „Guten Abend, Jungs". Ich weiß nicht, ob wir seinen Gruß erwiderten oder nicht.

Es war still, so still, dass die vielen kleinen Geräusche unsichtbarer Wesen wie Wirbelstürme dröhnten. Das Lachen aus dem von Bäumen umgebenen Bauernhaus hinter uns klang wie das Lachen einer Menschenmenge; das Zwitschern des heimkehrenden Vogels klang wie ein erhabener, luftiger Chor; das Quaken des Frosches klang wie das grunzende Geheul vieler, vieler, die nie über den Boden hinauskommen. Während wir da gesessen und Löcher in die Luft vor uns gestarrt hatten, war der Abend verflogen und die

Nacht hatte als tapferer Sieger die Fahne der Sterne entrollt. Ich weiß, ich kann Ihnen meine Eindrücke nicht schildern, aber selbst wenn ich die Gabe und das Genie von hundert unserer größten Schriftsteller hätte, könnte ich Ihnen nicht vermitteln, was für ein Bild diese Nacht, meine erste Nacht in Gottes Land, bei mir hinterließ. Es schien mir, als ob alles und jedes, bevor es in Schlaf gehüllt wurde, ein einziges Lobpreisopfer nach oben brachte . Das Korn auf dem Feld und die arme, bescheidene Blume am Straßenrand und sogar der winzige Grashalm, sie alle richteten sich mit einer letzten, nach oben gerichteten Erschütterung auf, bevor sie sich in ihren schlaffen Schlaf entspannten. Die Vögel in der Luft und die Tiere auf dem Boden, alle ließen ihr Abendlied erklingen. Bei manchen war es ein Schauer der süßesten, göttlichen Melodie, bei anderen war es nur ein Grunzen, aber alles schien wie ein Dank dafür, dass man einen Tag gelebt und gearbeitet hatte, den der Schöpfer aller Dinge geschaffen hatte.

Und unter all dem stiegen die stille Gebetshaltung und das angestimmte Abendlied der Geschöpfe nach oben, wie eine Hymne an den Himmel, wo strahlende Himmelskörper und glänzende, milchige Schleier in ein Netz der Herrlichkeit verwoben waren und über die Stunden hinweg in die Geburtswiege eines neuen Tages lugten. Diese Stunde ist eine Geisterstunde, wenn Sterne und Natur im Einklang ihr Abendlied singen.

Dort, wo die Natur am großartigsten ist, entweiht der Mensch sie am liebsten.

Der erhabene, süße Zauber hielt uns gefesselt. Kein Wort hatten wir gesprochen. Wie lange wir dort gesessen hatten, wussten wir nicht. Wie viel länger wir dort gesessen hätten, ist eine Frage nutzloser Vermutungen. Als ob er aus den Regionen des Erzfeindes losgelassen worden wäre, ratterte mit heulendem Kreischen, mit Schnauben, Rumpeln und Rasseln ein Zug, der in der Ferne wie eine Reihe von Spielzeugautos aussah, die Hügelkette entlang, den letzten Tropfen unserer Szene. Feuer vor sich her spuckend und weiße Streifen hinter sich lassend, stürzte der eiserne Missachtungstäter der Heiligkeit der Natur in das Herz der Berge und nahm den Dunst des Idealismus mit sich.

Der Zauber war gebrochen und es dauerte nicht lange, bis wir wieder festen Boden unter den Füßen hatten.

„Sag mal", bemerkte Casey sehr nachdenklich, „ ist es hier nicht sehr ruhig?"

„Nun, das muss ich wohl sagen", beeilte sich Dempsey, ihn zu bestätigen. „Es ist so still, dass du hier nicht schlafen könntest, selbst wenn du wolltest. Das ist kein Ort für uns. Lass uns gehen."

Wir machten uns auf den Weg und stolperten die Landstraße entlang. Alle Anweisungen, die uns unsere Route zeigten, waren für den Moment vergessen. Wir hatten jetzt nur noch ein Ziel: der beängstigenden Stille zu entkommen. Mit jedem Schritt wurden unsere Nerven nervöser . Ein Kaninchen huschte über die Straße und zwang uns, uns an den Armen zu halten. Das leise Rascheln der Blätter jagte uns einen Schauer über den Rücken.

Draußen im Freien spürten wir, wie uns die dunstige, dampfende Nachtluft umhüllte, die jeden Gegenstand wie einen geisterhaften Schimmel erscheinen ließ. In der Ferne bellte ein Hund, dann heulte er, und ich kann es schwören, wir zitterten.

Es war keine körperliche Angst. Es war die Seltsamkeit des Ungewohnten, die unsere Denkfähigkeit durcheinander brachte. Manche mögen das alles bezweifeln und als Beweis die „hoboing" Tramps anführen, die ihre angenehmste und profitabelste Zeit des Herumstreunens in ihrem Land verbringen. Ich bin nicht bereit, darüber überhaupt zu diskutieren, aber ich bin ziemlich sicher, dass jeder Tramp zu Beginn seiner Laufbahn als solcher in seiner ersten Nacht auf dem Land einen ähnlichen Eindruck hatte, vorausgesetzt, er hatte nicht in einer Scheune oder einem Heuhaufen Unterschlupf gefunden oder war nicht schon vorher auf dem Land geboren und hatte dort gelebt.

Wir waren durch und durch Stadtmenschen und Lärm war für uns so wichtig wie Ozon für den Landburschen. Er kann bei Lärm nicht schlafen – wir konnten ohne ihn nicht schlafen.

Unsere Überlegungen – wir hatten lange nicht gesprochen – wurden von Dempsey unterbrochen, der über ein Geländer gefallen war, das er in der schattigen Dunkelheit nicht bemerkt hatte. Ja, es war ein vollwertiges Eisenbahngleis, und aus irgendeinem unerfindlichen Grund schien es eine große Faszination auf uns auszuüben. Wir konnten uns offenbar nicht davon lösen. Wir standen da und betrachteten es, als hätten wir noch nie zuvor ein Eisenbahngleis gesehen.

Dies dauerte, bis der stets bereite Casey unsere Gefühle interpretierte.

„Ich frage mich, ob das die Pennsylvania- Eisenbahn ist? "

Das löste einen Chor von „Wundern" aus.

„Ich frage mich, welches Ende davon nach New York führt." „Ich frage mich, wie weit wir von New York entfernt sind." „Ich frage mich, ob wir von hier aus nach New York kommen können." „Ich frage mich, wie lange es von hier aus dauert, nach New York zu kommen." „Ich frage mich, ob es hier in der Nähe eine Station gibt."

Wie es dazu kam, ob es jemand vorgeschlagen hatte oder wie wir dorthin gelangten, weiß ich nicht, aber ich weiß, dass wir uns völlig unerwartet an einem kleinen Rastplatz befanden, auf dessen Bahnsteig viele Milchkannen standen. Es ist nicht zu übersehen, dass wir geistig völlig aus dem Gleichgewicht waren, und es war gut für die Besatzung des Güterzuges, der zum Entladen und Beladen der Milchkannen ankam, dass es sich um eine lockere Truppe von Männern handelte. Wir gaben uns nicht vor, uns zu verstecken, sondern kletterten kühn auf die Waggons und hätten einen Mord begangen, wenn sie versucht hätten, uns abzuschrecken. Das Gespenst der Stille hatte von unseren Gehirnen Besitz ergriffen, und wir wollten davor fliehen wie vor einer Seuche.

Wieder eine lange, kalte Reise, und dann endlich ein großer weißer Glanz am Himmel, der uns sagte, dass wir wieder zu Hause waren, in der Stadt unserer Geburt, auf die wir so stolz waren.

Aber könnte sie stolz auf uns sein?

Den Rest der Nacht, oder besser gesagt den Anfang des Tages, verbrachten wir auf Stühlen in Callahans Hinterzimmer, das uns nach unserer „wilden" Erfahrung auf dem Land wie ein Paradies vorkam. Nach einem Nickerchen suchte ich meinen Bill auf, der mich begrüßte, als hätte ich ihn so lange allein gelassen wie bei unserer letzten Trennung, und sich dann wieder niederließ, um Callahans Spelunke mit meiner Anwesenheit zu beehren.

Innerhalb eines Tages war unser Ausflug aufs Land vergessen, und ich hatte mich damit abgefunden, meine Karriere dort wieder aufzunehmen, wo ich sie aufgegeben hatte. Es gab wenig Hoffnung, dass sich die Lage in der Spelunke in nächster Zeit aufhellen würde, und ich war durchaus bereit, wieder den Müßiggänger zu spielen, der seinen schwankenden Lebensunterhalt auf Kosten seiner Mitmenschen verdient.

Doch die Tage meines alten Lebens waren gezählt. Nur noch eine kurze Zeit, und ich sollte aus der Kloake geholt werden, und zwar von jemandem, den Gott einzig und allein zu diesem Zweck gesandt haben musste. Warum das so war und warum ich auserwählt wurde, können weder Sie noch ich beantworten, aber mir genügt es zu wissen, dass, selbst wenn sich jedes Wunder der Vergangenheit als Betrug oder Sakrileg herausstellen sollte, die Existenz eines großen, mächtigen, lebendigen Gottes mir durch das Wunder, das er durch seinen süßesten Propheten an mir vollbrachte, ohne den geringsten Zweifel bewiesen wäre.

Herr, mein Herr, hiermit danke ich Dir, nicht nur, dass Du mir erlaubt hast, ein Leben in Reinheit und Sauberkeit zu führen, sondern auch, dass Du mich aus einem Leben der Elendsten und Sündhaftesten herausgeführt hast und durchleben ließest. Deine Wege sind geheimnisvoll und wir können Deine Absichten nicht verstehen, aber ich habe gelitten, gelernt und gebetet, und ich weiß, dass Du es nicht vergeblich sein lassen wirst. Und wenn ich nichts

anderes tun kann, dann gib mir das um ihretwillen, ich werde immer so leben,
wie sie es von mir wollte, und das war Dein Weg, Gott.

KAPITEL XII.

DIE GRENZE DES NEUEREN LEBENS.

Als ich von meinem Philadelphia-Trip nach New York zurückkehrte, verfiel ich sofort in meine alten Gewohnheiten, was bedeutete, dass ich mich vorerst wieder als Zierde in und vor Mike Callahans Spelunke am Chatham Square etablierte. In unserer Branche wurde es von Tag zu Tag ruhiger und niemand schien zu wissen, wann diese Dürre im ehemaligen Schlaraffenland enden würde.

Unsere vorübergehende Beschäftigung während dieser Flaute bestand darin, uns leichte Dinge und Trottel zu „besorgen". Aber selbst diese schienen weniger zu werden, und schließlich gerieten wir in einen Zustand der Verzweiflung. Als dann Hunger und unstillbarer Durst immer weniger gestillt wurden, überwanden einige aus der Bande ihre angeborene Feigheit und wurden „betrügerisch". Einer, zwei und drei gingen auf geheime Expeditionen und kehrten entweder mit Geld oder leicht zu entsorgenden Waren zurück oder kehrten überhaupt nicht zurück, zumindest nicht für lange Zeit. Die Bande konnte es sich gut leisten, diese gelegentlichen Vakanzen in der Mitgliedschaft zu verkraften, da sie mehr als fünfzig Mitglieder zählte und ständig neue dazukamen.

Ich behaupte nicht die Unwahrheit und möchte Ihren Glauben auch nicht übermäßig strapazieren, wenn ich Ihnen sage, dass ich an diesen „betrügerischen" Machenschaften nicht aktiv beteiligt war. Meine Liste von Missetaten ist so lang, dass eine mehr oder weniger kaum einen Unterschied machen würde, und ich habe keinen Grund, Ihnen zu lügen.

Wäre es für mich notwendig gewesen, „krumm" abzubiegen, hätte ich das sicherlich getan, aber es war nicht notwendig.

Ich war der anerkannte Anführer unserer Bande, und Anführer von oder in irgendetwas haben immer gewisse Vorrechte. Von jeder Expedition erhielt ich einen kleinen Anteil. Ich wurde „aufs Spiel gesetzt", das ist der richtige Ausdruck. Die Gegenleistung, die ich für den „Einsatz" erwarb, war recht gering.

Falls einer oder mehrere der Männer im Stadtgefängnis eingesperrt wurden, musste ich, der der Polizei nicht offiziell bekannt war, sie besuchen und als Vermittler zwischen Anwälten und ihren „Außenseiter"-Freunden fungieren. Wenn es in der Kneipe zu Kneipengefechten zwischen einem der Männer und Außenstehenden kam, musste ich mich — ungeachtet der Stichhaltigkeit der Schlägerei — in die Verwirrung stürzen , um sie schnell zugunsten meines Bruders im Faulenzertum zu beenden .

Da ich an keiner der erwähnten Expeditionen teilnehmen musste, hatte ich alle Zeit für mich und verließ Callahan's kaum jemals. Tatsächlich war ich auf dem besten Weg, einer der Monarchen von Bowery zu werden, nachdem ich bisher nur einer der fahrenden Ritter dieser Gegend gewesen war. Es war Sommeranfang, und außer wenn mich geschäftliche oder finanzielle Angelegenheiten ins Haus riefen, konnte man mich immer auf meinem Fass am Bordstein sehen, flankiert und umgeben von einer Galaxie, deren Gesichter Männer, anständige Männer, dazu brachten, ihre Hände über ihre Uhren und Brieftaschen zu legen.

Ich erinnere mich, wie einmal ein „Sportler" einen Preis für den „hässlichsten Trottel" bei Callahan's aushängte und mir nach einer hastigen Abstimmung der Preis zugesprochen wurde. Es gab jedoch mildernde Umstände, die ich nicht aufzählen möchte, da mich die ganze Angelegenheit nicht sehr interessierte.

Wenn wir „Stammgäste" den ganzen Tag in den Spelunken herumhingen, wurde uns oft die Zeit schwer. Um uns über diese Langeweile hinwegzuhelfen, erfanden wir eine sanfte Form des Sports. Der Bürgersteig war sehr breit, der Verkehr dicht, die Polizei war aus politischen Gründen absolut blind für unser Tun – was brauchten wir mehr? Von unseren Fässern aus schauten wir wie die Zuschauertribüne auf die vorbeiziehende Vorstellung und waren oft so fasziniert von dem sich immer wieder abspielenden Drama, dass wir selbst daran teilnahmen.

Gibt es einen männlicheren, edleren Sport, als dass sich die vielen mit stampfenden Pferden und kläffenden, knurrenden Hunden auf den zu Tode erschrockenen, ahnungslosen Fuchs stürzen und ihn zu Tode reißen, nachdem sie ihn durch Hufschlag und Hundebiss teilweise erledigt haben? Natürlich nicht. Wäre es ein unmännlicher, unweiblicher, unwürdiger Sport, würden unsere „besseren, oberen" Klassen, unsere gesellschaftlichen Führer, ihn nicht genießen. Wir von Chatham Square ahmten unsere Vorbilder in den höheren Kreisen nach und wählten, da wir keinen Fuchs in unserer Sammlung seltener Tiere hatten, die vorbeigehenden Fußgänger als Objekte unseres Sports.

Unsere Nachahmung unserer „Vorgesetzten" war ziemlich korrekt. Wenn nur ein oder zwei auf den Fässern waren, wurden Passanten nicht belästigt; aber wenn die Bande in voller Stärke da war, dann wehe dem harmlosen Mann oder der harmlosen Frau, deren Weg an uns vorbeiführte.

Genauer gesagt bestand unser „Sport" aus Beleidigungen aller Art gegenüber Fußgängern. Alte Leute – und besonders alte Frauen – bekamen die meiste spielerische Aufmerksamkeit. Sie waren unsere Lieblingsopfer, da sie unsere Brutalität weniger übel nahmen. Ich werde rot, wenn ich an unsere tierische

Feigheit denke. In einem einzigen Mischlingsköter steckt mehr Männlichkeit als in unserer ganzen Bande!

Und in diesem Sport war ich der anerkannte Anführer.

Unser Spiel hatte viele Variationen. Wir stellten unsere Füße schnell zwischen die Füße vorbeigehender Männer und Frauen, brachten sie zu Fall und warfen sie der Länge nach auf den Bürgersteig; wir warfen faules Obst und verdorbenes Gemüse nach ihnen; wir rannten absichtlich in sie hinein und brachten sie aus dem Gleichgewicht und überschütteten sie außerdem mit Lawinen obszöner Ausdrücke. Warum ärgerten sie sich nicht darüber? Weil die Leute, die dort vorbeigehen mussten, es nicht freiwillig taten, sondern weil sie dazu gezwungen waren und das Kaliber unseres Stammes kannten. Sie wussten, dass wir, wie der Hahn, der von seinem Misthaufen weggeführt wurde, einzeln und auf einem anderen Boden als unserem eigenen, kriechende, feige Karikaturen von Menschen waren und nur dann mutig waren, wenn wir uns in Massen auf einen werfen konnten .

Doch selbst Faulenzer können vor ihrem lächerlichen Dasein gerettet werden, aber es müssen andere Mittel als die stereotypen Mittel der heutigen Zeit eingesetzt werden. Wo ist die Ernte der vielen Millionen, die auf der East Side gesät wurden? Die Zeit, der Tag, die Stunde ist reif für einen Messias für die Slums, der viel Frömmigkeit, mehr Männlichkeit und vor allem gesunden Menschenverstand haben wird. Bringen Sie weniger Gerede und mehr Muskelkraft mit; weniger Hymnen und mehr Arbeit, und Ihre Arbeit wird in jeder Gasse und Gasse widerhallen.

Meine Laufbahn als Faulenzer verlief so ruhig, dass ich mir keine Unterbrechung vorstellen konnte. Ohne Vorwarnung wurde mir die Botschaft von jenseits der Grenze des Anstands auf ganz normale Weise von jemandem überbracht, den ich nur als einen von Gottes eigenen Engeln bezeichnen kann.

Es war ein sehr ruhiger Tag gewesen. Am frühen Vormittag hatte mir „Skinny" McCarthy, einer meiner besten Freunde, mitgeteilt, dass an diesem Tag „etwas los sein würde". Ich gab ihm meinen Segen und schickte ihn schnell auf den Weg.

„Skinny" gehörte zu den gemeinsten Gaunern. Seine Gaunerei bestand darin, meilenweit zu Fuß nach Lastwagen und Wagen zu suchen, die vorübergehend ohne den Schutz des Fahrers abgestellt waren. Etwas aus dem Fahrzeug zu reißen und dann seine Schritte zu beschleunigen, während er gleichzeitig den gestohlenen Gegenstand vor sich hielt, war nur eine kurze Anstrengung. Natürlich war der Erlös aus „Skinnys" Expeditionen nie sehr groß, aber er war so beständig dabei und gab seine paar Dollar so schnell aus, dass er für mich ein ziemlich praktischer Bekannter war.

Es war etwa zwei Uhr nachmittags am 2. Juni, als „Skinny" zu Callahan zurückkehrte, mich beiseite nahm und flüsterte, dass er es besser gemacht habe als sonst. Ich lobte ihn für seinen Eifer und sein Glück, ermutigte ihn zu größeren Anstrengungen und schlug dann vor, dass unser Durst sofort ein Ende finden sollte. Auf ein Zeichen von mir gesellten sich sofort mehrere andere Vögel unseres Gleichen zu uns und wir feierten „Skinnys" sichere und willkommene Rückkehr auf die übliche Weise.

Der einzige ernsthafte Fehler, den ich bei „Skinny" McCarthy finden konnte, war, dass er nicht viel Alkohol vertrug. Immer wenn die anderen die mildernde Wirkung des Alkohols zu spüren begannen, war „Skinny" so betrunken, dass er die Kontrolle über seine Worte und Handlungen verlor. Er war ein bisschen ein Heldenverehrer, und ich – wohlgemerkt, ich – war sein Held. Sobald die Dämpfe des konsumierten Zeugs sein Gehirn benebelten, erklärte er mit heulendem, brüllendem Nachdruck, dass er ein Dieb und stolz darauf sei, dass es ihm egal sei, was andere von ihm hielten, solange ich sein Freund sei, und dass er immer bereit sei, mit mir zu teilen, weil er wüsste, dass ich zu ihm halten würde, wenn er zufällig „aufregend" werden sollte.

Das alles schmeichelte mir sehr und klang süß in meinen Ohren, doch da ich über unbegrenzte Fähigkeiten verfüge, war ich nie betrunken genug, um diese allzu öffentliche Anerkennung zu genießen.

Bei dieser Gelegenheit – am 2. Juni – kaufte „Skinny", begeistert über seine ausgesprochen erfolgreiche Expedition, so schnell Getränke, dass er nach etwas mehr als einer Stunde fast bewusstlos war. Ich, als Anführer der Bande, war mehr oder weniger für die persönliche Sicherheit meiner Kameraden verantwortlich, und da ich „Skinny" so früh am Nachmittag nicht völlig hilflos sehen wollte, ordnete ich an, mit dem Trinken aufzuhören und schlug vor, das Bier zu den Fässern am Straßenrand zu verlegen, in der Hoffnung, dass die Luft meinen kränklichen Gefolgsmann teilweise wiederbeleben würde.

Mein Vorschlag wurde angenommen und ich ging voran zum Bürgersteig, dicht gefolgt von „Skinny".

Gerade als ich den Bordstein erreicht hatte und mich auf mein Fass setzen wollte, hörte ich hinter mir einen leichten Tumult, gefolgt von einem gedämpften Schrei. Als ich mich gemächlich umdrehte, sah ich, was ich erwartet hatte.

Es war einer unserer üblichen Scherze. „Skinny" McCarthy war absichtlich und heftig mit einem zerbrechlichen jungen Mädchen zusammengestoßen. Obwohl ich ihr Gesicht nicht sehen konnte, zeugten ihre Figur und ihr allgemeines Erscheinungsbild von Jugend. Aber was bedeuteten uns Jugend, Alter, Geschlecht oder Größe?

Sie standen alle im Kreis um sie herum und grinsten und blickten sie an. Auch ich wollte mich dem allgemeinen Vergnügen anschließen. Doch bevor meine Gesichtsmuskeln Zeit hatten, sich zu einem tierischen Lachen zu verformen , drehte sich das Mädchen um, sah McCarthy an, mich, uns alle, und ganz deutlich konnte ich dort den Satz lesen: „Und ihr seid MÄNNER!"

Möglicherweise gab es dafür einen psychischen oder physischen Grund, aber was auch immer es war, ich konnte fast spüren, als ihr Blick auf mich fiel, dass in mir etwas schnappte oder sich löste. Es war, als ob eine Feder, die eine bestimmte Kraft zurückhielt, plötzlich aus ihrer Verriegelung befreit worden wäre und wie ein Katapult eine neue Kraft in Aktion gesetzt hätte.

Ich hatte weder Lust noch Verstand, mir das alles zu erklären. Stattdessen stürzte ich mich in die Menge, bahnte mir einen Weg durch sie, bis ich vor McCarthy stand, der, ohne ein Wort von mir zu sagen, einen Schlag unters Ohr bekam, der ihn zu Boden warf.

Diese entschlossene und unerwartete Aktion meinerseits überraschte die Mitglieder der Bande so sehr, dass sie einige Sekunden reglos dastanden, bevor sie McCarthy, der reglos auf dem Bürgersteig lag, Beachtung schenkten. Sie wussten nicht, was sie damit anfangen sollten. War ich betrunkener, als sie eingeschätzt hatten? Gab es einen privaten Groll zwischen McCarthy und mir?

Dass ich nur gehandelt hatte, um die junge Dame vor weiteren Beleidigungen zu bewahren, wäre – hätten sie es geahnt – für sie ebenso unerklärlich gewesen wie für mich.

Ich schenkte ihrem erstaunten Verhalten keine Beachtung, sondern bat die junge Dame in barstem Ton, mitzukommen. Sie war völlig verwirrt und folgte mir mechanisch.

Der arme „Skinny" lag in seinem benommenen Zustand noch immer auf dem Boden, und das bot wie immer den vielen müßigen Gaffern, die sich den Zuschauerreihen angeschlossen hatten, einen interessanten Anblick. Ich, das Mädchen am Arm haltend, bahnte mir ohne Probleme meinen Weg durch sie hindurch und sprach dann meinen Begleiter an.

„Sag mal, Schwester, ich glaube, ich gehe lieber ein oder zwei Häuserblöcke mit dir zu Fuß, weil ich glaube, das ist besser. Der Schubs da wird dir nichts bringen, aber sie sind alle betrunken und könnten dir gegenüber wieder frech werden."

Sicherlich war es keine sehr arrogante Rede, aber sie wurde irgendwie verstanden und erinnert. In der Folgezeit lachten wir – sie und ich – oft über dieses Angebot meines Protektorats, das sie Wort für Wort im Gedächtnis behalten hatte.

Die Menge, durch die ich mir und dem Mädchen grob einen Weg gebahnt hatte, schloss sich wieder hinter uns, und damit begannen sich die Türen meines alten Lebens knarrend in ihren rostigen Angeln zu bewegen und begannen sich langsam ganz zu schließen. Sie schlossen sich nicht mit einem Knall und einem Zuschlagen – wenn sie das getan hätten, hätte ich ihr Manöver vielleicht bemerkt und höchstwahrscheinlich Widerstand geleistet – und selbst ihre langsame Bewegung war mir damals nicht bewusst, sondern wurde mir erst in den folgenden Jahren bewusst. Das passiert vielen von uns. Wir sind erfolgreich oder unglücklich, reich oder arm, und in unserem erworbenen Zustand können wir die Linie klar auf ein Ereignis zurückverfolgen, das die Trennung der Wege darstellte.

KAPITEL XIII.

DER ANFANG DES WUNDERS.

Zum ersten Mal in meinem Leben spielte ich die Rolle eines Ritters, und, das kann ich Ihnen versichern, der schlechteste Schauspieler hätte sie nicht schlechter spielen können. Ein Teil meines Daseins bestand darin, andere zu beobachten. Nicht, um durch Beobachtung von ihnen zu lernen, sondern um ihre Schwächen zu finden. Während ich mich mit dem wirkungsvollsten Teil meiner Beobachtungen beschäftigte, war ich nie so sehr darauf konzentriert, dass ich die kleinen Einzelheiten völlig übersah. So hatte ich gesehen, wie Herren Damen in und aus Kutschen halfen, wie sie ihren Freundinnen über Rinnsteine und Kreuzungen halfen und ihnen Türen öffneten. Als ich neben der jungen Dame ging, wusste ich, dass aus Höflichkeit etwas von mir erwartet wurde, aber ich, der ich es immer gewohnt war, „gegen die härtesten Spiele und ungünstigsten Chancen" anzutreten, fühlte mich äußerst unwohl, weil ich nicht sicher war, was ich in einem solchen Fall tun sollte. Vielleicht war das der Grund, warum ich, anstatt sie ein oder zwei Häuserblocks weit mit mir zu nehmen, weiter neben ihr ging, weil ich nicht wusste, wie ich mich verabschieden sollte, ohne durch meine Art, meinen Abschied auszudrücken, ernsthaft zu beleidigen . Die Wahrheit war, dass ich Angst hatte.

Dieses Geständnis von mir wird Sie zu der Annahme verleiten, dass etwas an ihr Ehrfurcht oder Angst hervorrief. Aber Sie liegen falsch, sehr falsch.

Sie war nicht groß, nicht stattlich. Sie war kein „königlich aussehendes" Mädchen, wenn man nach dem äußeren Erscheinungsbild urteilte. Ihre Königlichkeit lag in ihrem Inneren, so kraftvoll, so überzeugend, dass weder Mensch noch Tier sich davor verneigen konnten. Ich befand mich in dem Dilemma, ein Gentleman sein zu wollen, ein Höfling meiner Königin, und nicht zu wissen, wie das ging.

Irgendwie getrieben ging ich weiter neben ihr her. Sie ließ es nicht an Dankbarkeitsbekundungen fehlen, aber ich tat nichts weiter, als sie mit einem tiefen Grunzen zu quittieren.

Um mir die Sache zu erklären, erzählte sie mir, dass sie Lehrerin an einer der nahegelegenen Schulen sei und jeden Tag auf dem Weg nach Hause und wieder zurück an unserem „Treffpunkt" vorbei müsse. Als Gegenleistung für ihr Vertrauen hätte ich mich vorstellen sollen, aber leider kannte dieser große, massige Typ nichts von Höflichkeit.

Doch das hübsche kleine Mädchen war ein Wunder an Takt und Diplomatie. Ohne zu kommentieren oder vorzugeben, dass ich die übliche Vorstellung vernachlässigte, ernannte sie sich selbst zur Chefinquisitorin. Sie berief mich in den Zeugenstand und verhörte mich. Mit der Schnelligkeit eines ausgebildeten Anwalts bombardierte sie mich mit Suggestivfragen. Ehe ich mich versah, wusste sie alles über mich, und ich schämte mich, dass ein kleines Ding wie sie alle Barrieren jener Zurückhaltung durchbrach, auf die ich so stolz war.

Wir gingen weiter, die Straße floss unbemerkt unter uns hindurch. Sie hielt mich an der Houston Street und der Bowery an und ich sah mich um, als sei ich aus einem Traum gekommen. Sie wollte, dass ich sie dort zurückließ und nach Chatham Square zurückkehrte oder woher auch immer ich gekommen war. Aber der Bulldogge in mir knurrte und beharrte darauf, sie bis zu ihrer Tür zu begleiten. Wir hielten vor einem bescheidenen Wohnhaus in der Houston Street , in der Nähe der Mott Street. Sie dankte mir sehr gefühlvoll und wartete, da sie ein Mindestmaß an Manieren von mir erwartete, eine Sekunde auf meine Antwort. Es gibt Dinge, die wir erfahren, ohne uns dessen bewusst zu sein, und ich wusste und fühlte, dass ich etwas sagen sollte, aber mein Mut war gewichen, meine Knie gaben nach und die Worte, die ich aussprechen wollte, blieben mir im Hals stecken, festgehalten aus Angst, nicht in der Lage zu sein, sich richtig auszudrücken.

Schließlich brachte ich ein barsches „Gute Nacht" heraus und wandte mich dann zum Gehen. Ich durfte nicht gehen.

„Wohin gehst du?", fragte sie. „Ich fürchte, du willst unbedingt zu dem Ort am Chatham Square zurückkehren. Geh nicht dorthin."

„Wohin kann ich sonst gehen?"

„Wo sonst?", fragte sie mit einer Mischung aus Mitleid und Verachtung. „Mr. Kildare, ich habe absolut kein Recht, mich in Ihre Angelegenheiten einzumischen, aber ich habe das Recht, Ihnen die Wahrheit zu sagen. Sie wissen es vielleicht nicht oder würden es, wenn Sie es wüssten, abstreiten, aber Sie und die meisten Männer dieser Bande sind zu gut, um dazuzugehören. Wir sind Fremde, und Sie halten mich vielleicht für anmaßend, aber ein Mann, der so stark und körperlich leistungsfähig ist wie Sie, sündigt gegen seinen Schöpfer, wenn er seine Tage mit Müßiggang vergeudet, der ihm selbst und anderen schadet."

„Oh, das habe ich schon einmal gehört, junge Dame, aber solche Gespräche führen zu nichts."

"Es ist doch nichts wert? Nach dem, was Sie mir über sich erzählt haben und was ich vom Leben auf der Straße gesehen habe, fürchte ich, dass es nicht absolut unmöglich ist, dass Sie eines Tages in ernsthafte Schwierigkeiten geraten. Und, Mr. Kildare, Sie können sicher sein, dass die Gefängnisse voller Männer sind, die, wenn es zu spät ist, davon überzeugt sind, dass diese Art von Gerede doch etwas wert ist. Sie sagen, Sie wissen nicht, wohin Sie sonst gehen sollen? Der Abend ist wunderschön. Es gibt Parks, das Flussufer, die Brooklyn Bridge, wo man hingehen und sitzen und nachdenken kann –"

„Denken Sie mal nach", unterbrach ich ihn, „worüber sollte ich jetzt nachdenken?"

Sie schwieg eine Weile und streckte mir dann ihre Hand entgegen.

„Es tut mir so leid für Sie, so leid. Versuchen Sie, ein Mann zu sein, ein Mann, der mehr hat als Kraft und Muskeln. Und – und – seien Sie nicht beleidigt über meine Besorgnis – beten Sie, beten Sie oft." Sie hatte die Halle fast betreten, trat aber noch einmal zurück und flüsterte: „Ich werde heute Abend für Sie beten."

Beten! Ich kann mir vorstellen, wie sich mein Gesicht mit Sicherheit verzog. Ich hatte den Namen der Gottheit täglich benutzt. Aber auf welche Weise! Schon als Teenager hatte ich die Kunst der Gotteslästerung perfektioniert, und meine Fähigkeiten im Fluchen wurden mit zunehmendem Alter immer besser. Und jetzt hatte sie mir geraten, zu beten und den Namen, der für mich keine Bedeutung hatte und mir bei der geringsten Provokation leicht über die Lippen kam, voller Ehrfurcht zu benutzen. Das war doch lächerlich – aber war es wirklich lächerlich?

Die beiden Erzfeinde begannen einen erbitterten Kampf in mir. Ich kann mich ohne Probleme an meinen Spaziergang zum Chatham Square an jenem Abend erinnern. Manchmal blieb ich stehen, lehnte mich an einen Laternenpfahl und sagte: „Bei Gott, ich glaube, es ist viel Wahres an dem, was sie gesagt hat!" Von dieser Gewissheit bestärkt, machte ich mich wieder auf den Weg, ging einen halben Block und blieb dann wieder stehen, um der anderen Stimme zuzuhören, die flüsterte: „Du Narr, hör nicht auf das Gerede der Frauen. Du bist jemand. Du bist bekannt und gefürchtet, und das wärest du nicht, wenn du ein braver Kerl wärst."

Viele Menschen werden nur gefürchtet, während sie glauben, respektiert zu werden. So war es bei mir, und deshalb sagte meine „andere" Stimme nicht „respektiert", sondern „gefürchtet".

Der Kampf tobte in mir, bis ich fast am Chatham Square war. Und dann geschah etwas Seltsames. Mike Callahans Haus lag auf der Westseite des Platzes. Ich war auf dieser Seite heruntergekommen, aber als ich an der Ecke des Platzes war, ging ich absichtlich auf den östlichen Gehsteig und überblickte von dort aus meinen Campingplatz.

Ich stand da und betrachtete die grell beleuchtete Fassade von Mike Callahans Spelunke und schwankte zwischen den althergebrachten und den neumodischen Einflüssen. Es wäre zum Lachen gewesen, wenn es nicht so erbärmlich gewesen wäre.

Stellen Sie sich vor: Ein angeblich intelligenter und reifer Mann würde sich als der Märtyrer aller Märtyrer betrachten, wenn er für eine einzige kostbare Nacht auf die „Freuden" von Callahans Spelunke verzichten müsste.

Der Einfluss des Neuankömmlings war stark, aber er war mir so fremd, so unerklärlich, dass ich mich hätte weigern können, darauf zu hören, und mich von meinen alten Neigungen hätte überreden lassen, wenn ich nicht an meinen guten alten Bill gedacht hätte. Die Wichtigkeit meines jüngsten Abenteuers hatte meinen Partner vorübergehend aus meinen Gedanken verdrängt. Aber jetzt dachte ich an ihn, erinnerte mich daran, dass er durch meine Nachlässigkeit einem langen Fasten ausgesetzt war, und eilte auf den Dachboden, um meine Nachlässigkeit wiedergutzumachen. Ich fand ihn so erwartungsvoll und philosophisch wie immer und beobachtete ihn mit trägem Interesse, während er die Reste mampfte, die ich für ihn aufgehoben hatte. Dann fiel mir ein, dass Bill seinen üblichen Spaziergang mit mir verpasst hatte und den ganzen Tag keinen Hauch frischer Luft bekommen hatte. Mir kam auch in den Sinn, was sie über die Parks und die Brooklyn Bridge gesagt hatte, und siehe da, Bill und ich fanden uns auf der Straße wieder, auf dem Weg zum City Hall Park, wie zwei äußerst respektable Bürger, die ein wenig frische Luft schnappen wollten.

Ich tröstete mich über diese offensichtliche Schwäche hinweg mit dem festen Entschluss, zu Callahan zurückzukehren, sobald Bill genug frische Luft geschnappt hatte.

Wir waren im City Hall Park relativ fremd. Ich hatte vor vielen Jahren jeden Fuß des Parks und der umliegenden Gehwege mit bloßen Füßen betreten, aber noch nie hatte ich diese grüne Oase im Licht eines Erholungsgeländes gesehen.

Wir fühlten uns ein wenig fehl am Platz und wählten wahrscheinlich deshalb den abgelegensten und unbeobachtetsten Ort für unsere experimentelle Siesta. Die hintere Veranda des Rathauses gegenüber dem Bezirksgericht lag im tiefen Schatten, und dort setzten wir uns hin, um zu testen, wie es sich anfühlte, einfach nur dort zu sein, um uns auszuruhen.

Allmählich dämmerte es uns, dass der City Hall Park fast so interessant war wie der Bürgersteig vor Mike Callahans Kneipe am Chatham Square. Ein ständiger Strom von Menschen kreuzte unser Blickfeld auf dem Weg zur und von der Brooklyn Bridge und zu und von den Fähren nach Jersey. Nur sehr wenige von ihnen gingen gemächlich. Die meisten schienen in Eile zu sein und alle schienen ein bestimmtes Ziel zu verfolgen. Bill und ich waren die einzigen ohne Ziel.

Oh nein, das ist falsch von mir. Ich möchte nur für mich selbst sprechen. Bill hatte ein Ziel, und zwar ein edles.

An diesem Abend gingen mir merkwürdige Gedanken durch den Kopf. Ich sah mich um und sah die Leute auf den Bänken. Damals wie heute waren die meisten Plätze von Obdachlosen besetzt, von „Abgehalfterten".

„Na ja, ich bin sicher besser als diese Landstreicher", versicherte ich mir mit einem selbstzufriedenen Grinsen.

War ich besser als diese Landstreicher? Die neuere Stimme gab mir die Antwort. Diese Landstreicher, die jetzt nutzlos sind, waren einst nützlich gewesen, hatten gearbeitet und Geld verdient, aber ich, fast dreißig Jahre alt, konnte keinen einzigen Tag meines Lebens als gut verbracht bezeichnen.

Es war eine wunderbare Nacht für uns, diese Nacht im Schatten des City Hall Park. Es war die erste Nacht, in der ich nachgedacht hatte, und ich fand heraus, dass ich mich selbst richtig eingeschätzt hatte. Heilige werden nicht an einem Tag gemacht, und ich war immer noch hart und gefühllos, aber nach meiner Selbstbesinnung überkam mich ein Gefühl, das sehr nach Scham klang. Anstatt den Weg zurückzukehren, den wir gekommen waren, über die Chatham Street – jetzt Park Row genannt –, wanderten wir über die Centre Street nach Hause. Wir kamen an den Tombs vorbei, dem unheimlichen Gefängnis für die Straftäter der Stadt, und Bill und ich betrachteten es nachdenklich. In den Zellen saßen viele, die ich kannte. Viele von ihnen konnten mich mit Recht ihren Komplizen nennen, weil ich bereitwillig ihr Geld bei ihnen ausgegeben hatte, obwohl ich wusste oder zumindest vermutete, wie es zustande gekommen war. Und wie lange würde es dauern, bis eine Zelle dort nur noch eine Zwischenstation für mich wäre, bevor ich die lange Reise „den Fluss hinauf" antreten würde?

Allein der Gedanke daran ließ mich erschauern und ich bemerkte Bill gegenüber, dass unsere Dachgeschosswohnung, so bescheiden sie auch sein mochte, einem Aufenthalt in Sing-Sing vorzuziehen sei.

Dann kam mir eine Eingebung, und bis heute rede ich mir ein, sie käme vom alten Bill. Wahrscheinlich bin ich ein Narr, aber ich möchte, dass mein alter Kumpel seinen vollen Anteil an meiner Reinkarnation hat. Die Eingebung war: „Warum versuchst du nicht, lieber auf meinem Dachboden zu bleiben, als nach Sing-Sing zu gehen?" Darauf folgte eine Ergänzung: „Wenn man sich von der Straße fernhalten kann, die zum Gefängnis führt, ist es vielleicht nicht immer notwendig, auf einem Dachboden zu bleiben. Es gibt in der Stadt schöner eingerichtete Zimmer als dein Kabuff im obersten Stockwerk, Freund Kildare."

Wie kann ich jetzt, aus dieser Distanz, meine Gefühle jener kritischen Nacht analysieren? Ich müsste ein übersinnliches Wunder vollbringen, und so ein Zauberer bin ich nicht. Aber ich ging nicht zu Callahan zurück und war seitdem nie wieder dort, um an den schleimigen Festlichkeiten teilzunehmen.

Oben auf unserem Dachboden musterten Bill und ich uns gegenseitig eingehend. Eine äußerliche Veränderung an mir muss erkennbar gewesen sein, denn Bill beobachtete mich äußerst kritisch.

Von allen kleinen Vorfällen, die deutliche Spuren in meinem Gedächtnis hinterlassen haben, erinnere ich mich am besten an meinen ersten Versuch zu beten.

Bill lag an seinem üblichen Platz am Fußende meines Bettes, und ich lag ausgestreckt auf dem Rücken, starrte an die Decke und überwand mein Erstaunen, zu so einer unheimlich frühen Stunde im Bett zu sein, indem ich die Ereignisse des Tages Revue passieren ließ. Ich verweilte am längsten bei der Szene an ihrer Tür und versuchte zu lachen, als mein Zug mich zu ihrem Rat brachte, zu beten. Irgendwie war das Lachen nicht aufrichtig, und anstatt in Gedanken weiter darüber zu philosophieren, konnte ich mich ihrer Ermahnung nicht entziehen.

Das war aber noch nicht alles. Es folgte ein Monolog, der mit dem Ergebnis endete, dem Gebet eine Chance zu geben, sich zu bewähren. Warum nicht? Es kostete nichts, konnte vielleicht doch etwas Gutes bewirken und außerdem wäre es interessant zu sehen, wie sich das Beten anfühlte.

Ich betete, und Sie werden mir keine Respektlosigkeit vorwerfen, wenn ich behaupte, dass mein Gebet sicherlich eines der lustigsten war, das jemals auf den Thron des Vaters gerollt ist. Es war kaum ein Gebet. Das „Du“ und „Dich“ und „Dein“ fehlten leider. Ich dachte oder bat nicht mit Glauben. Ganz im Gegenteil. Ich bekannte offen meine Skepsis. Der Kern der Sache war, dass mir gesagt worden war, Gott könne vieles, alles. Diejenige, die mir das gesagt hatte, besaß meinen größten Respekt, war jedoch nur ein kleines Mädchen und nicht so erfahren wie ich und vielleicht getäuscht. Wenn Gott also wollte, dass ich an ihn glaube, musste er mir sofort einen schlüssigen Beweis liefern, sonst würde er einen Anhänger verlieren. Es war ein Gespräch von Herz zu Herz der informellsten Art und – sind das nicht die besten Gebete?

Ich sagte ganz kühl, man habe mir gesagt, ich sei nicht so ein Mann, wie ich dachte, und es gäbe ein viel besseres Leben als das, das ich geführt hatte. Nun, ich war bereit, es zu versuchen, und wenn mir das neue Leben wirklich besser gefiel als das alte, versprach ich, so eng an Gott festzuhalten, wie ich zuvor an allem Bösen festgehalten hatte.

Man sollte mit dem Schöpfer nicht verhandeln, aber ich bin sicher, dass mein Gott am Tag des Jüngsten Gerichts mildernde Umstände finden wird. Was den Handel betrifft, den wir in dieser Nacht geschlossen haben, so haben beide Parteien ihn eingehalten.

KAPITEL XIV.

DIE ALTEN TÜREN SIND GESCHLOSSEN.

Nüchtern ins Bett zu gehen und wieder nüchtern aufzustehen war eine ungewöhnliche Erfahrung und ich schämte mich für dieses ungewohnte Gefühl. Glücklicherweise fand ich etwas Geld in meiner Tasche und das beraubte mich der Entschuldigung vor meinem Gewissen, dass ich zu Callahan gehen musste, um mein Frühstücksgeld zu holen. Wie wir an diesem Morgen gegessen hatten, Bill und ich, und wie wir unser Frühstück genossen. Ja, ich trank etwas, einen großen Schluck Whisky, aber nicht, weil ich meinen Vorsatz vom Vorabend vergessen hatte, sondern weil ich noch unwissend war. Um ganz ehrlich zu sein, war ich diesen plötzlichen Bekehrungen eingefleischter Trinker gegenüber immer ein wenig zynisch eingestellt.

Vor nicht allzu langer Zeit traf ich in einer Rettungsmission, die ich häufig besuche, einen Mann, der, wie wir in der Bowery sagen, „Whiskey isst" und sich praktisch nur davon ernährt. Er war obdachlos, oder besser gesagt, bettlos , da er sein Zuhause schon vor langer Zeit verloren hatte, und erhielt von dem Missionar nach seinem Bekenntnis seiner Erlösung seine „Bettkarte". Ich traf ihn zufällig am nächsten Tag; sein Atem war stark vom Duft der Gewürznelken. Er erzählte mir, dass er sie gern kaute, was ein ziemlich merkwürdiges Hobby ist.

Es liegt mir fern, irgendjemanden zu verleumden, doch der Duft von Gewürznelken kann eine Vielzahl von Aromen verbergen.

Das Ziel der Rettungsmissionen ist erhaben, aber wie und ob sie dieses Ziel erreichen, ist eine andere Geschichte, die wir vielleicht zu einem späteren Zeitpunkt besprechen werden.

Eine weitere Angewohnheit, die mir ebenfalls noch anhaftete, war mein spätes Aufstehen. Es war Mittag, als Bill und ich auf dem Weg zum Restaurant auf der Straße erschienen. Nach dem Frühstück gingen wir zum City Hall Park, blickten ernst und weise auf die Stelle, an der wir am Abend zuvor gesessen hatten, und gönnten uns dann den Luxus eines Tagtraums.

Träume sind komische Gesellen, die immer Streiche spielen. Dieser Traum ließ mich nicht mehr los, bis ich mich in der unmittelbaren Nähe der Schule befand, wo ein gewisser kleiner Professor damit beschäftigt war, den kindlichen Geist durch das Labyrinth des A, B und C zu führen.

Bald begannen sie mit lautem, natürlichem, gesundem Lachen und Geschrei herauszustolpern, und die schmuddelige Straße wurde zu einem langen, gewundenen Strom plappernder Kinder. Ich konnte nicht anders, als an meine Kindheit zurückzudenken und versuchte mir vorzustellen, wie es sich anfühlen würde, eine Tafel und Bücher unter dem Arm zu haben. Vor mir waren viele junge Leute gekommen, und ich starrte sie immer wieder an, um mir vor meinem geistigen Auge ein Bild davon zu machen, wie ich ausgesehen hätte, wenn ich von der Schule, meiner Schule, gekommen wäre.

Endlich kam sie!

Als ich sah, wie die kleinen Kinder, ihre Pupillen, sich aus lauter Liebe zu ihr an ihren Rock klammerten, fühlte ich ein Licht, eine Oriflamme, in meiner Brust und wusste, dass ich einen härteren Kampf als je zuvor führen musste; dass ich mich selbst besiegen musste, bevor ich es wagen würde, den Saum ihres Rocks zu berühren wie diese Kinder. Und wer kämpft, kämpft am besten, wenn er ein inspirierendes Emblem sieht. Also nahm ich meine Segelflagge und nagelte sie an den Mast der Reinheit. Sie hat jedem Wetter standgehalten. Manchmal hängt sie herab, dann weht sie trotzig. Aber wie dem auch sei, sie ist immer noch sicher am Mast und wird dort bleiben, bis ich meine Flagge einhole, um sie zum letzten Mal für meinen Gott da oben einzutauchen.

Ich überquerte die Straße und stellte mich ihr in den Weg, sodass sie mich zwangsläufig sehen musste.

„Oh, Herr Kildare!“

Sie erinnerte sich an meinen Namen.

Ich kann mich nicht erinnern, wie ich mich bei diesem Treffen verhalten habe. Ich betrachte es jedoch als großes Glück, dass kein Kamerafreak ein Foto von mir gemacht hat. Das menschliche Dokument, das daraus entstanden wäre, wäre mir sicherlich sehr peinlich gewesen. Trotzdem, Flegel und Grobian wie ich war, war es das erste Mal in meinem Leben, dass ich mit einem Mädchen sprach, ohne auch nur den Hauch eines Hintergedankens oder einer unanständigen Absicht, und deshalb kann man mir meine Unhöflichkeit verzeihen.

Auch wenn ich mich nicht an mein Verhalten während dieser Szene erinnern kann, kann ich mich doch an meine Gefühle erinnern. Ich war in Aufruhr. Ihr Gesicht zeigte echte, ungekünstelte Freude, als sie mich sah, und das war für mich – wenn Sie meine damalige soziale Stellung verstehen – ein unvergleichlicher Segen. Wenn die Menschen, die guten, wohlmeinenden Menschen, nur erkennen würden, dass das härteste Herz sehr oft am ehesten auf echte Freundlichkeit reagiert und dass es normalerweise nur deshalb hart ist, weil es sich im Laufe des Lebens mit dem stereotypen Geschwätz zufriedengeben musste, das als Botschaft unseres allliebenden und alles liebenden Gottes durchgeht!

Da ich die eigenartigen Neigungen meiner Gliedmaßen und Arme kenne, überrascht es mich nicht im Geringsten, dass ich schlurfend und wackelnd da stand und die kleine Hand, die mir zur aufrichtigen Begrüßung entgegengestreckt wurde, nicht bemerkte.

Sie begrüßte mich freundlich und offensichtlich überrascht.

Ganz behutsam nahm ich ihre zierliche Hand in meine große, muskulöse Pfote. Sie sprach von der „zufälligen Begegnung". Seitdem war ich mir oft sicher, dass, wenn ich „zufällige Begegnung" sagte, ein Funkeln für die Dauer eines Atemzugs in ihren Augen tanzte. Später warf ich ihr das oft vor und wurde für meine Anmaßung streng gerügt. Doch, ja, sie war ein Engel, aber auch sehr viel Frau, und unter uns, es gibt Zeiten, in denen eine echte, kleine Frau mit starkem Herzen, klarem Kopf und unerschütterlichem Glauben einem groben, großen Kerl wie mir praktisch mehr nützt als der Engel, der es nicht wagen würde, das Risiko einzugehen, diese schneeweißen Gewänder zu ruinieren oder die Harfe liegen zu lassen. für ein paar Augenblicke entspannt .

Da ich mit der Etikette noch nicht so vertraut war wie heute, hatte ich keine kleine Notlüge parat, sondern platzte heraus, dass ich ausdrücklich hierhergekommen war, um sie zu sehen. Sie schien darüber ein wenig verärgert zu sein, und ich beeilte mich zu erklären, dass ich gekommen war, um sie nach Hause zu begleiten, damit sie nicht Gefahr liefe, erneut beleidigt zu werden. Als sie von meiner Entschlossenheit erfuhr, von nun an als ihr Leibwächter zu fungieren, schalt sie mich zunächst und erklärte, es sei absolut unnötig, lachte dann aber und sagte, es sei sehr nett von mir.

Und die ganze Zeit über spielte ich eine Rolle, und zwar, wie ich dachte, so perfekt, dass sie meine Verkleidung nicht durchschauen konnte. Aber sie ließ sich nicht täuschen. Sie durchschaute schnell meine Vortäuschung, ich wolle als einigermaßen rücksichtsvoller Mann von Welt erscheinen, der, da er nichts Besseres zu tun hat, eine ritterliche Tat vollbringen würde, nur um etwas von seiner überflüssigen Zeit totzuschlagen. Das einzige Wunder ist, dass sie zuließ, dass ich sie belästigte.

Dann begannen Spaziergänge, die man in Gedichte verwandeln könnte, obwohl weder Gänseblümchen noch Rosen unseren Weg schmückten und wir die überfüllten, nicht allzu sauberen Bürgersteige der Armenviertel entlanggingen, obwohl es keine so wichtige Gabe des Ausdrucks gab. Als Gegenleistung dafür, dass ich an ihrer Seite sein durfte, konnte ich mich nur ganz der Aufgabe widmen, sie zu beschützen. Wovor beschützen?

Das Herrlichste an der Liebe ist, dass sie keine Rücksicht auf die Person nimmt. Sie kommt zu Reichen und Armen gleichermaßen; hier wird sie leidenschaftlich und unrein empfangen, dort wird sie in einem besseren Geist willkommen geheißen und in einem stets loyalen Herzen geborgen. Aber das Schlimme an der Liebe ist, dass sie uns den angemessenen Respekt vor der Wahrheit verlieren lässt. Kurz gesagt, sie macht aus uns hervorragende Lügner.

Wo ist der junge Mann, der seiner Angebeteten nicht erzählt hat, dass ihre Augen den strahlendsten Stern wie eine Talgkerze aussehen ließen oder dass ihre Wangen wie Pfirsiche waren?

Auf die gleiche Weise vergrößerte ich meine ritterliche Pflicht mir selbst gegenüber. Sicherlich waren die Gefahren auf der Reise zu ihrem Heim gering und gering, aber dank meiner von Liebe beflügelten Vorstellungskraft fühlte ich mich so ernst wie ein gefiederter Ritter, und keine stolze Königin in den Tagen von Schwert und Lanze hatte ergebenere Kavaliere, die für sie kämpften, starben oder lebten. Das wurde nun meine einzige Pflicht, und mit einer solchen Pflicht, dem Besten und Wahrsten zu dienen, muss ein Mann sogar trotz seiner selbst besser werden.

Jeden Tag, egal ob es regnete oder die Sonne schien, wartete ich an der Ecke über der Schule, um sie ständig zu begleiten. Jeden Tag sagte sie mir, es sei nicht nötig, ihr Haus zu sehen, doch jeden Tag erlaubte sie es mir. Wenn man in einem fremden Land ankommt, bemerkt man die kleineren Einzelheiten oft nicht, und hinterher kann man nur die größeren Zusammenhänge wieder erkennen. Ich kann Ihnen nicht sagen, wie und warum sich unsere Gespräche zu bestimmten Wendungen entwickelten, aber ich kann mich an bestimmte Gesprächsfetzen und Fragen erinnern , die für uns beide sehr wichtig waren.

Bei unserem dritten Treffen fragte sie mich zum Beispiel, ob ich noch immer zu Mike Callahans Zierrat gehöre. Ich fühlte mich damals wie viele von uns zuvor und wieder; ich schämte mich, zugeben zu müssen, dass ich meine Verbindung zur Bande abgebrochen hatte und seit der Nacht, in der ich sie nach Hause gebracht hatte, nicht mehr dort gewesen war. Ich hielt mich nämlich immer noch für einen „heißen Kerl" und wollte nicht mit irgendetwas in Verbindung gebracht werden, das lieb und gut war. Seitdem habe ich gelernt, dass es in bestimmten Kreisen durchaus üblich ist, leichtfertig über die eigene Religion zu sprechen und darüber zu lachen, wenn man als gelegentlicher Kirchgänger entlarvt wird. Es macht einen so verwegenen Eindruck, anzudeuten, man sei „wirklich teuflisch".

Ich gab auf ihre Frage also keine direkte Antwort, sondern drückste herum und – log.

„Nein, ich war die letzten beiden Abende nicht dort, weil – weil ich mich nicht so gut gefühlt habe, und – und, oh, ja, eines Abends bin ich zu einer Show gegangen."

Die größten Lügen lassen sich in kleinste Pakete komprimieren und doch wiegen sie immer gleich viel.

Sie hatte eine Art, mich wissen zu lassen, wenn meine Lügen zu offensichtlich waren. Es lag nicht daran, was sie sagte, sondern daran, wie sie dabei aussah.

In Wirklichkeit hatte ich Callahan's gemieden, weil mir der Ort und die Menschen darin nicht gefielen, aber das hätte ich einem kleinen, zimperlichen Mädchen natürlich nie erzählt.

Offenbar nahm sie meine Erklärung nicht für bare Münze, denn sie sagte nur: „Oh, ich verstehe." Kaum eine Sekunde später fügte sie hinzu: „Oh, das freut mich."

Die Intuition der Frauen ist wirklich wunderbar. Sogar ein so versierter Diplomat wie ich war von einem kleinen Mädchen auf der Stelle sprachlos.

Nun, die Tage vergingen, und unsere Spaziergänge wurden für mich zu Spaziergängen in unbekannten Gefilden. Ihre kleinen, beiläufigen Erwähnungen von Mutter, Bruder, Zuhause, Freunden und der täglichen Arbeit gaben mir einen Einblick in ein Leben, das ich mir nicht einmal im Traum hätte vorstellen können. So zu leben wie sie, in einem wohlgeordneten Haushalt und nach einem wohlgeplanten Zeitplan, war nie mein Wunsch gewesen und daher auch nie für mich in Betracht gezogen worden.

„Wenn ein solches Leben so nette kleine Frauen hervorbringt, kann es letzten Endes gar nicht so schlecht sein und ist vielleicht einen Versuch wert", so lautete mein Gedankengang, und ein dumpfer, aber wahrer Wunsch, ein solches Leben auszuprobieren, begann in meiner Seele zu nagen.

Während ich in diese Überlegungen vertieft war, blieb sie nicht ganz ruhig, sondern unterzog mich dem härtesten Zivildienst. Ich musste so viele Fragen beantworten – und zwar wahrheitsgemäß, da sie eine Lüge sofort erkennen konnte –, bis ich ehrlich davon überzeugt war, dass jede Stunde meines Lebens abgedeckt war. Das Ergebnis von allem war, dass ich Gegenstand einiger der beißendsten Vorträge war, die jemals gehalten wurden. Diese Predigten brachten mein Blut regelrecht zum Kochen, und oft wünschte ich mir im Stillen, sie wäre ein Mann, damit ich die Vorträge mit einem Schlag für immer beenden könnte.

Es ist einfach furchtbar, wie frech die kleinen Leute und vor allem die Frauen sind. Und das Schlimmste ist, dass wir Großen uns das von ihnen anhören müssen.

Sie hatte eine eigentümlich direkte Art, Dinge zur Sprache zu bringen und nahm kein Blatt vor den Mund. Das hatte zur Folge, dass ich begann, mich in mich selbst zurückzuziehen.

Als lüsterner Schurke hatte ich den Gipfel der Schlechtigkeit erreicht; ich hatte über Anstand, Männlichkeit und Weiblichkeit gegrinst und gespottet; ich hatte mich für einen „Jemand" gehalten, weil ich Gottes und die Gesetze der Menschen nicht beachtete und weil ein Chor von Narren und Freunden meinen Taten stets ein Amen zugerufen hatte, und nun – nun wurde mir die beklagenswerte Tatsache bewusst, dass ich nicht nur ein „Niemand" war, sondern ein verachtenswertes, verachtenswertes Ding, das nicht den geringsten Anspruch auf den erhabensten Titel hatte – den des Menschen.

Ja, es ließ sich nicht leugnen, der „Jemand" war gestürzt, traurigerweise von seinem Pferd gefallen, und sein ganzes Kartenhaus war von einer kleinen Schulmeisterin in tausend Stücke gerissen worden .

Fünfzehntes Kapitel.

EIN KINDERGARTEN FÜR EINE PERSON.

Dass ich Callahan's und der düsteren Ernte, die dort oft eingefahren wurde, fernblieb, hatte eine deprimierende Wirkung auf mein Einkommen. Relativ lange Zeit lebte ich von ein paar Dollar, die ich aus ausstehenden Krediten erhielt, die ich jetzt entschlossen eintrieb. Ich lernte damals, dass man mit einem bemerkenswert geringen Einkommen auskommen kann, wenn man Callahan's und ähnlichen Orten fernbleibt. Wie bei mir war es immer ein Fall von „leicht bekommen und leicht ausgeben".

Meine Ausgaben wurden zum Gegenstand vieler Überlegungen und Berechnungen. So viel für die Zimmermiete, so viel für Mahlzeiten, einschließlich Bills Fahrgeld, und so viel für Rasuren und Nebenkosten wurden auf das Mindestmaß geschätzt und so, dass sie möglichst lange reichten, bis sich etwas ergeben würde. Und dieses Etwas blieb nicht aus.

Als die Mittel gefährlich knapp wurden, dachte ich an einige meiner tollen Freunde, die oft den Wunsch geäußert hatten, von mir „trainiert" oder in Form gehalten zu werden. Diese Vorschläge waren so häufig vorgekommen, dass ich dachte, reich zu sein bedeute, reich an Krankheiten zu sein.

Manche wollten, dass ich sie dünner mache, andere wünschten sich mehr Fleisch, um ihre Knochen zu bedecken, und sie alle kamen zu mir, da ich eine solche Autorität in Anatomie und Physiologie bin!

Ich kommunizierte mit vielen dieser kränklichen Typen und verdiente bald recht gut mit meinen Sportstunden. Auf meinem Gewissen lastet ein schwerer Schatten, da in meiner Bilanz eine Reihe von Vergehen gegen mich im Zusammenhang mit der Förderung meines Sportunterrichts verzeichnet sind. Ein offenes Geständnis ist gut für die Seele, und ich kann hier ebenso gut gestehen, dass ich nur zu oft Dicken und Dünnen genau dasselbe Mittel verordnet habe.

Dieser Beruf war nicht ohne Humor. Ich erinnere mich an einen „Patienten", der unter zu viel Embonpoint litt. Er glaubte nicht an die Rezepte seines Arztes, sondern bevorzugte das Körperkultursystem von „Professor" Kildare. Er war ein Mann mit viel Gewicht in öffentlichen Angelegenheiten und in Fleisch und Blut. Wenn ich mich recht erinnere, wog er ungefähr 250 Pfund.

Er lebte in unmittelbarer Nähe des Madison Square, und an vielen aufeinanderfolgenden Morgen hatte ein ausgewähltes Publikum, darunter mehrere Zeitungsjungen, ein paar Polizisten und ich, das erbauliche Schauspiel, diese 250 Pfund, die sich absolut nicht schmelzen ließen, um 5 Uhr morgens wie verrückt über den Platz jagen zu sehen.

Ich glaube nicht, dass es ihm sehr geschadet hat, und dem Publikum hat es unheimlich gut getan, wenn man Lachen als Anzeichen für eine zunehmende Gesundheit betrachtet.

Ohne Angst vor drohendem Mangel oder Not gab ich mich ganz dem Blick auf das bessere Leben hin. Ich genoss meine neue Erfahrung und Träume bei Tag und Nacht waren mein einziges Territorium.

So ging es ein paar Wochen lang, und dann kam die Krise.

Wir hatten unseren üblichen Spaziergang von der Schule zu ihrem Haus zurückgelegt. Ich hatte mich verabschiedet und war schon ein paar Schritte gegangen, als sie mich zurückrief.

„Herr Kildare, ich habe etwas vergessen.“

Ich war schnell wieder an der Tür und wartete darauf, zu hören, was sie vergessen hatte.

Sie nahm eine kleine Karte aus ihrer Tasche und gab sie mir.

„Mr. Kildare, Sie waren sehr freundlich und rücksichtsvoll und ich möchte Ihnen zeigen, dass ich das zu schätzen weiß. Ich fürchte, Sie werden es ziemlich lahm finden, aber ich hoffe, Sie werden kommen.“

Ich drehte die Karte zwischen meinen Fingern und fragte, ohne sie anzusehen: „Was ist das?“

„Na, nur ein bisschen gesellige Unterhaltung unserer Kirche.“

„Wann und wo findet es statt?“, fragte ich immer noch.

„Das Datum bin ich nicht ganz sicher, aber die Karte wird es Ihnen sagen.“

Wie gesagt, ich konnte nur auf die Karte verweisen. Ob ich die Karte verkehrt herum hielt oder was ich tat, weiß ich nicht, aber mein Geheimnis war gelüftet und nichts konnte es länger verbergen.

Da stand ich nun, ein allem Anschein nach intelligenter und körperlich gesunder Mann, der nicht einmal in der Lage war, seinen eigenen Namen zu entziffern oder zu entziffern.

Ich fühlte, wie alles von mir abwich. Mein märchenhafter Palast der Glückseligkeit zerfiel in Stücke. Was konnte ich anderes tun, als mich davonzuschleichen, um mich, meine Unwissenheit, meine Scham für immer zu verstecken?

Warum die Qual dieses quälenden Augenblicks verlängern?

Ich drehte mich schnell und wortlos um, mit der Absicht, in das dunkle „Woher“ zurückzukehren, aus dem ich gekommen war.

Doch noch bevor ich einen Schritt getan hatte, ergriff eine kleine Hand meinen Arm und übernahm auf der Stelle ihre treue Führung, und jede Faser meines großen, plumpen Körpers war von diesem Erwachen zu einem besseren Leben erfüllt.

Die Erinnerung an die folgenden Monate – ja, Jahre – wäre da nicht die unterschwellige Traurigkeit, die einem fast zum Lachen brächte .

Die Arbeit meiner kleinen Schulfrau verdoppelte sich. Neben dem Unterricht in der Schule musste sie sich mit diesem schwerfälligen, stämmigen Kindergarten für eine Person herumschlagen. Ich kenne viele Kinder – Gott segne sie! –, die ihre Schule und ihr Studium mögen, aber sie waren nicht mit mir dabei, als ich das A, B und C paukte. Niemals wurde das Alphabet schneller gemeistert. In überraschend kurzer Zeit buchstabierte ich „Katze, Katze" und „Ratte, Ratte" mit der Leichtigkeit eines Grundschülers.

Wer hätte bei einem solchen Lehrer nicht schnell gelernt?

Meinem guten alten Bill entging dieser Erziehungsprozess nicht und er war darüber zutiefst verwundert.

Unser Dachboden wurde zum Arbeitszimmer, der Waschtisch zum Schreibtisch eines Studenten, über dem ein großer, unförmiger Kopf dicht über eine rauchende Öllampe gebeugt war.

Wie ich meinen Privatunterricht studiert habe!

Der Stift fuhr mit verkrampften Fingern diese verlockenden Buchstaben nach, während die Lippen rau die Rechtschreibung murmelten. Natürlich gehörte auch Rechnen zu meinem Lehrplan, und oft hatte Bill ihm das nervtötende Rätsel zugeworfen: „Wie oft geht Sieben in fünfunddreißig – ja, wie oft?"

Bill saß während des Studiums immer neben mir und blinzelte mir hundert Fragen entgegen.

„Sag mal, Kil , was hast du denn jetzt vor? Ich fürchte, das ist irgendeine neue Art von Blödsinn. Wenn nicht, warum kann ich es dann nicht auch tun?"

Ich antwortete und erklärte oft, aber mein alter Kumpel verstand die Situation erst richtig, als er meinen Lehrer traf. Und dann? Die Felsen, die Hügel, die Bäume, die Vögel und die Blumen reagierten alle auf diesen kleinen Kobold, und Bill sah mit nur einem Blick, dass die Fee unserer Schicksale gerade erst mit ihrem Liebeswunder begonnen hatte.

Aber selbst Puppen kann man zum Sprechen bringen, und Papageien können leeres Geschwätz nachahmen. Meine Lehrerin wollte, dass ich die Mittel hatte, mich selbst aus meinem Graben zu ziehen. Die kleine Bildhauerin, die diese riesige Masse aus gewöhnlichem Ton in die Gestalt eines Menschen formte, wollte das in mir wecken, was mich zu etwas anderem machen würde als dem, was ich einmal war. Als ich aus tiefster Dunkelheit kam, wurde ich nicht sofort in den Radius des blendenden Lichts geführt, aber wie die Kleinen in ihrer Klasse in der Schule führte sie mich Schritt für Schritt auf den Weg der aufrichtigen Intelligenz.

Allmählich begann ich zu sehen – mit den Augen meiner Seele – und entdeckte eine große Welt um mich herum, die voller Beweise für einen allmächtigen und weisen Schöpfer war. Ich begann dieses neue und bessere Leben zu verstehen und zu lieben und begann das alte Leben zu hassen, das mich oft wieder in Versuchung führen wollte.

Unser Unterricht war mit vielen Unannehmlichkeiten und Schwierigkeiten verbunden. Die Entfernung von der Schule nach Hause betrug kaum mehr als zehn Blocks, und während der Zeit, die wir für diesen Weg benötigten, musste ich meinen Unterricht melden und Anweisungen für zusätzliches Lernen erhalten. Die Unannehmlichkeiten dieser Methode waren dem Lernen überhaupt nicht förderlich, und eines Tages bat mich meine Lehrerin, zu ihr nach Hause zu kommen, um dort meinen Unterricht zu erhalten.

Ich traute meinen eigenen Ohren kaum. Ich sollte genau den Ort sehen, an dem sie lebte. Es war unfassbar. War das nicht ein Opfer ihrerseits? Das war es tatsächlich, und ich kann nie genug betonen, wie viele Opfer dieses süße kleine Mädchen von Anfang bis Ende für mich gebracht hat.

Lassen Sie uns ihre Position verstehen.

Marie Deerings einziger Lebensunterhalt wurde von ihrer Mutter und einem jungen, invaliden Bruder geleistet. Außer diesen beiden hatte sie nur einen weiteren Verwandten, einen älteren Bruder, der in einer Stadt im äußersten Westen lebte. Der Vater, ein pensionierter Captain der britischen Armee, war nach Amerika gekommen, um mehrere Erfindungen zu verkaufen. Wie wertvoll diese Erfindungen auch sein mochten, der Captain verstand wenig von Geschäfts- und Handelsgeschäften und stand bald ohne seine Erfindungen und seine Ersparnisse da. Enttäuschung und eine schwache Gesundheit verkürzten seine Lebenszeit, und die kleine Familie war vaterlos.

Die Last des Unterhalts fiel dann auf die Schultern der Tochter und diese, wie alle ihre anderen Lasten auch, wurde mit einer Stärke getragen, die einer Heiligen im Himmel würdig gewesen wäre.

Es versteht sich von selbst, dass die Deerings kultivierte Menschen waren, und man kann sich vorstellen, was es für sie bedeutete, dass ein großer, ungehobelter Kerl in ihren häuslichen Kreis eindrang. Ich werde nie das entsetzte Gesicht von Mrs. Deering vergessen, als ich zu meiner ersten Unterrichtsstunde erschien. Es brauchte keinen Dolmetscher, um die Frage in ihren Augen zu lesen: „Um Himmels Willen, wo kommt das her und was ist das?"

Doch im invaliden Bruder meines Lehrers fand ich sofort einen lieben kleinen Verbündeten, der für mich rasch ein williges Pferd für so manchen wilden und gefährlichen Galopp von der Küche ins Wohnzimmer entdeckte.

Dieser erste Blick in das wirkliche Leben zu Hause hat mich ziemlich aufgeregt. Seitdem habe ich viele luxuriösere Orte gesehen, aber keinen, an dem ich mich so zu Hause fühlte. Mir fiel alles auf – die Sauberkeit, der Geschmack der bescheidenen Dekoration – und ich biss die Zähne zusammen und sagte: „Auch ich werde ein Zuhause haben, ein richtiges Zuhause, und vielleicht nicht nur für mich, sondern ..."

Ach, es war zu früh, so weit zu träumen.

Wer von Dingen träumt, wird sie nie erreichen. Leute, die mich kannten, hatten mir immer meine sture Entschlossenheit bei bösen Unternehmungen zugeschrieben. Ich beschloss, die Stärke meiner Entschlossenheit zu testen, indem ich sie für ein besseres Ziel einsetzte.

Als meine Mentorin feststellte, dass mein Einkommen aus der Ausübung meines einheitlichen Systems der Körperkultur stammte, von dem nur der Erfinder und Professor profitierte, riet sie mir davon ab und sagte mir, ich solle damit aufhören.

Dies konfrontierte mich mit meiner bislang völlig neuen Erfahrung. Ich suchte Arbeit – gute, ehrliche und harte Arbeit.

Mein Glück überraschte mich.

Seit dem Beginn meiner Verwandlung waren erst ein paar Monate vergangen, aber sie war von Menschen bemerkt worden, von denen ich geglaubt hatte, mein Schicksal sei ihnen gleichgültig.

Ich kann mit aller Überzeugung sagen, dass ein Mann, der sich kompromisslos dazu entschließt, das Richtige zu tun, unter Menschen, von denen er erwartet hatte, dass sie nicht mehr als bloße Bekannte wären, Freunde finden wird, die alle bereit sind, ihm zu helfen. Und noch etwas. Ich behaupte auch – und das hat sich für mich nie als widerlegt erwiesen –, dass der Mann, der wirklich arbeiten will, immer arbeiten kann, ob er nun Freunde hat oder nicht. Das Problem ist, dass „geeignete" Arbeit nicht immer so leicht zu finden ist. Es ist dieser Mangel an „geeigneter" Arbeit, der die Männer in die Bowery-Unterkünfte treibt, wo sie sich durch Betteln in hohen Kragen und Manschetten halten, anstatt ihre zarten Hände mit der ersten Arbeit, die ihnen angeboten wird, schmutzig zu machen.

Ich begann, mich als Arbeitsloser zu betätigen und hatte keine Probleme, Arbeit zu finden. Glücklicherweise war es die – für mich – „passende" Art.

Ich ging an einen der Dampfschiffpiers und arbeitete als Gepäckträger – manchmal liebevoll „Gepäckzertrümmerer" genannt. Der Lohn betrug acht Dollar pro Woche, und das war weniger, als ich oft in einer Nacht „verdient" hatte, als ich in den Spelunken arbeitete.

An meinem ersten Zahltag habe ich diese acht Dollar unzählige Male nachgezählt, nicht weil ich mit der geringen Summe unzufrieden war, sondern weil ich mich gut fühlte, wirklich gut, weil ich endlich durch ehrliche Arbeit einen Wochenlohn verdient hatte. Jede dieser Rechnungen hatte für mich ihre eigene Bedeutung.

Meine Lehrerin wusste von meiner neuen Anstellung und ich kaufte ihr von meinem ersten Gehalt ein kleines Geschenk. Außerdem hatte ich so einen Vorwand, ihr meine Zukunftspläne zu erklären.

Sie hatte einen großen Teil ihrer Zeit mit mir verbracht, und ich verdankte ihr mein neues Leben. Sie behauptete hartnäckig, dass all ihre Bemühungen nur eine kleine Gegenleistung für den Gefallen seien, den ich ihr erwiesen hatte, und dass es außerdem ihre Pflicht sei, mir zu helfen, auf meinem neuen Lebensweg Fuß zu fassen. Dieses Argument überzeugte mich nicht, da mein Gefallen nichts bedeutete, und ich verstand ohne Schwierigkeiten, dass all der Nutzen, den ich aus ihrer unaufhörlichen Arbeit mit mir zog, von nichts anderem inspiriert war als dem süßen, christlichen Geist, der jede ihrer Handlungen beherrschte. Ich beharrte darauf, dass es eine Zumutung für mich gewesen wäre, ihr noch länger zur Last zu fallen, besonders da ich eine feste Anstellung hatte, die mir die Zeit und die Mittel verschaffte, Abendschulen zu besuchen und in meiner Freizeit zu Hause zu lernen. Ich wollte ihr danken und nicht ganz so auffallen, wo ich mich aufgrund sozialer Unterschiede nicht zugehörig fühlte.

Ich erwähnte, dass sie aus der Gosse stammte. Wie immer hatte sie eine schmeichelhafte Antwort parat. Was das aus der Gosse angeht, protestierte sie, denn viele Münzen werden dort hingeworfen und bleiben liegen, bis jemand sie aufhebt und sie durch ein wenig Polieren wieder so gut macht, wie sie vorher war.

Das war ganz typisch für sie. Sie behauptete immer, in mir etwas Gutes gefunden zu haben, etwas, das ich nie hätte entdecken können. Andererseits stellte sie, sobald wir den Unterricht wieder aufnahmen, fest, dass ihre Schülerin oft sehr anstrengend sein konnte.

Die meisten Probleme bereitete mir die erschütternde Arithmetik, die mir bis heute noch Probleme bereitet – aber das ist eine andere Geschichte. Ich hatte die Angewohnheit, mich beim Multiplikationsspiel hoffnungslos zu verzetteln. Wenn ich im Zahlenlabyrinth herumstolperte, hörte ich nur ein ganz leises Seufzen und sah, als ich aufsah, eine hübsche kleine Stirn, die die hinterlistigsten Falten der Resignation zeigte. Dann ergriff mich die schreckliche Bosheit und ich machte absichtlich noch mehr Fehler, nur um zu sehen, wie diese Augen mir meine Dummheit vorwarfen. Ich machte auch Rechtschreib- und Lesefehler, nur um das Vergnügen zu haben, mit ihrer modulierten Stimme getadelt zu werden.

Mein Bildungsweg hatte sich nun über Monate hingezogen, und der Winteranfang gab uns die Gelegenheit, ihn zu vertiefen. Die kostenlosen Vorlesungen des Bildungsausschusses waren ein Segen, den wir schnell ausnutzten. Fast jeden Abend gingen wir zur Cooper Union oder zu einer öffentlichen Schule, wo eine interessante Vorlesung angekündigt wurde. Natürlich war ich als Zuhörer zunächst kein durchschlagender Erfolg. Die illustrierten Vorlesungen konnte ich ertragen, aber Astronomie und Volkswirtschaftslehre ohne Bilder wirkten bei mir immer wie ein Wiegenlied, und ich war oft kurz davor zu schnarchen. All das enttäuschte meine Professorin, entmutigte sie aber nicht.

Der Sommer kam und mein botanisches Wissen sollte sich erweitern. Seltsam sind die Paradoxien des Schicksals. Keine Klasse liebt Blumen so sehr wie die Armen, und keine Klasse hat weniger davon als sie. Ach, es ist erbärmlich, sage ich Ihnen, durch die Straßen zu wandern, die von meinen Leuten bewohnt werden, und nie einen grünen Fleck, eine duftende Oase in diesem Abschnitt des öden, freudlosen Materialismus zu sehen. Es gibt dort keine Zeit für Blumen, wo selbst die Kohlköpfe vor den schmuddeligen Lebensmittelläden verdorrt und versengt aussehen und wo es kein anderes Schlagwort gibt als: „Arbeite, arbeite, oder wir werden obdachlos und verhungern." Dieser eine Gedanke beherrscht die Gehirne meiner Mitmenschen mit eisernem Griff. Mit dem Ende ihrer täglichen Mühen ist ihre tägliche Sorge noch nicht vorbei. Hören Sie den Gesprächen auf den Treppen und in den Hauseingängen zu, und Sie werden Zeuge vieler Sorgen. Oft ist all diese geistige Belastung nicht notwendig. Es besteht kein wirklicher Mangel, keine drohende Gefahr. Und doch empfinden die Armen ein grausiges Vergnügen daran, inmitten ihres Schreckens zu leben, und ihr Elendsorgan dreht sich wie eine endlose Kette.

Und ich glaube, das liegt daran, dass das Leben der Kinder auf der East Side in den Schatten gestellt und all dessen beraubt wird, was den natürlichen Wünschen eines Kindes lieb und teuer ist. Jedes Jahr bringt Verbesserungen. Männer und Frauen mit goldenen Herzen arbeiten wie Trojaner unter den Kindern der Armen, und je härter sie arbeiten, desto mehr werden sie von ihren Schützlingen geschätzt. Ich kann mich der Meinung nicht entziehen, dass die einzige Lösung unserer sozialen Probleme darin liegt, den Kindern zu helfen. Bringen Sie ihnen bei, natürlich zu sein — eine schwierige Aufgabe

–, sich intellektuell über ihr Niveau hinauszuheben und nicht die Moden und Gepflogenheiten der reichen Müßiggänger in den schäbigen Stoffen zu imitieren, die ihnen von skrupellosen Händlern angeboten werden, und wir werden dem Ziel, das alle anstreben, die ihre Mitmenschen nicht mit rührseligen Gefühlen, sondern mit Intelligenz lieben, Meilen näher gekommen sein.

Doch trotz allem, was getan wird, ist der sehnsüchtige Blick in den Augen der Kinder immer noch da, und ich möchte nicht das Herz eines Mannes haben, der den unausgesprochenen Wunsch im kindlichen Blick beim Anblick einer Blume, egal wie dürr sie ist, erkennt und dann darüber lacht, als ob es sich um eine Laune der Natur handelt.

Meine Bekanntschaft mit den Bewohnern des Blumenreichs war äußerst begrenzt. Mein Lehrer hatte dies bemerkt und machte sich sofort daran, diesen anderen Mangel in meiner Ausbildung zu beheben.

Bereits im Mai begannen wir mit unserem Outdoor- Kurs. Wir machten ihn in Form von Exkursionen. Ich wollte diese Vereinbarung nicht einseitig gestalten und wir einigten uns darauf, uns bei der Leitung unserer persönlich durchgeführten Touren abzuwechseln. Wir mussten beide unter der Woche arbeiten und konnten unsere Exkursionen nur sonntags unternehmen. So war sie bei einem Ausflug die oberste Direktorin und Diktatorin und ich beim nächsten.

Der Offenheit halber muss ich gestehen, dass meine Ausflüge uns immer gefährlich nahe an Coney Island führten, wenn nicht sogar direkt dorthin. Doch selbst dort kann man sich amüsieren, denn es ist derselbe alte Ozean und die gleiche Seeluft wie anderswo, und es bleibt nur dem Besucher überlassen, wie er seinen Urlaub verbringt.

An ihren Sonntagen wurde ich immer im Dunkeln gelassen, was unser Ziel war, bis wir es erreichten. Es stellte sich immer als ein ruhiger Ort auf dem Land heraus, mit Winkeln und Bächen und all den schädigenden Requisiten, die die Natur mit ruhiger Schönheit in Szene setzten. Nachdem der Professor das Mittagessen an einem schattigen Ort abgestellt hatte, wanderte er von Blume zu Blume, von Baum zu Baum und hielt kleine Predigten über Vögel, Blumen und Mineralien. Es gibt kein Klassenzimmer wie Gottes eigene Natur, und auf eine Weise, die ich Ihnen nicht beschreiben kann, lernte ich, dass es ein Leben voller Reinheit, Verständnis der Dinge und basierend auf der Weisheit eines weisen Vaters gab. Schritt für Schritt führte mich mein treuer Lehrer weiter, bis es keinen Zweifel mehr gab, mich zu quälen, bis ich auf der Straße, auf dem Feld oder im Wald stehen und meine Seele fühlen konnte, meine eigene unsterbliche Seele.

Tage wie diese hat es nie wieder gegeben und es wird sie sicher auch nie wieder geben.

Wir kannten uns damals schon seit langem. Ich war fähig geworden, vernünftig zu denken, und hatte auch einen guten Grund dazu. War das alles zum Besten? Wird es Sie überraschen, dass die ständige Kameradschaft mit meinem Mentor in mir Gedanken geweckt hatte, die Grammatik und Arithmetik sehr fremd waren?

Ich liebte sie. Ich wusste es, aber ich hatte auch das Gefühl, dass diese Liebe dazu verdammt war, unbefriedigt begraben zu werden. Eine Katze kann eine Königin ansehen, aber das ist so ziemlich alles, was eine Katze zu tun wagt.

Das sagte mir mein Verstand, aber in meinem Herzen hallte ein bewegender Hymnus der innigsten Hoffnung wider. Er ließ mich nicht zur Ruhe kommen, und ich wurde zu einer lästigen Plage für meine Lehrerin. Täglich stellte ich ihr oft die Frage: „Warum, warum unternimmst du diese unaufhörliche Arbeit – warum stellst du dir diese gigantische Aufgabe, aus mir einen Mann zu machen?"

Wie in allen anderen Angelegenheiten war ich in meinen lästigen Fragen rau und ungehobelt, und eine Antwort darauf wurde lange verweigert. Aber meine Bulldoggen-Zähigkeit kam mir zu Hilfe, und ich ließ nicht locker. Entschlossenheit überwindet so manches, und sicher auch ein bisschen Schulmeister. Ich brauche Ihnen nicht zu erzählen, wie es passiert ist – Sie wissen es entweder selbst oder werden es selbst wissen –, aber eines Tages verstanden wir die Frage und die Antwort.

Dann wurde das Leben für uns wahrhaftig zu einer segensreichen Angelegenheit. Zum ersten Mal in meinem Leben war ich überglücklich. Ich kann Ihnen nicht sagen, wie sich mein kleines Mädchen fühlte, aber ich kann es mir sehr gut vorstellen, denn meine Liebste schwankte nie, ließ mich nie im Stich und gehörte mir bis zum Schluss ganz allein.

Meine Mamie Rose, meine Braut, meine liebste Freundin, mein Ein und Alles.

Es dauerte lange, bis ich völlig begriff, dass sie auf diese überaus wichtige Frage wirklich „Ja" gesagt hatte, doch sobald ich mir dessen ganz sicher war, legte ich das großspurige Besitzergebaren an den Tag, das neue Liebhaber normalerweise an den Tag legen.

Zunächst einmal machte ich von meinem Vorrecht Gebrauch, sie beim Vornamen zu nennen.

Obwohl ich lange unter ihrer Vormundschaft stand und ihrem verfeinernden Einfluss ausgesetzt war, war ich keineswegs sehr kultiviert und hegte noch immer viele Vorurteile gegen Sitten und Gebräuche, die in der sozialen

Schicht, aus der ich stammte, nicht üblich waren. Die Nomenklatur meines Volkes ist sehr begrenzt. Die Leute in den Mietskasernen greifen nur auf eine sehr kleine Auswahl an männlichen und weiblichen Taufnamen zurück. John, James, Michael, Patrick, Henry, George, Charles sind die am häufigsten verwendeten männlichen Namen; Maggie, Sadie, Susie, Lizzie, Nellie und Mamie sind die beliebtesten weiblichen Namen oder zumindest die beliebtesten Abkürzungen dieser Namen.

Der Name, Marie R. Deering, klang für mich eine Kleinigkeit zu modisch, zu vornehm, und ich begann, mich daran zu gewöhnen.

„Mamie" ist die Abkürzung oder der Ersatz für „Marie", also wurde mein kleines Mädchen sofort „Mamie" genannt.

Das „R." – der Anfangsbuchstabe ihres zweiten Vornamens – stand für Rosetta, und es war entschieden gegen den Ethikkodex des vierten Bezirks, wenn sich jemand mit einer solchen Ungeheuerlichkeit belasten ließ. Wiederum zelebrierte ich die Taufe am imaginären Taufbecken, und „Rosetta" wurde zu einer schlichten „Rose", die mir so lieb war wie keine andere.

Niemand soll auch nur einen Augenblick lang glauben, dass meine Namensänderung ohne Widerstand erfolgte. Neben anderen Dingen besitzen kleine Leute auch die Tugend der Sturheit, und es gab viele Argumente dafür und dagegen. Man sagte mir mit bezaubernder Betonung, dass ich „Mamie Rose" in den Wind schreien könnte, aber dass sie, Marie R. Deering, niemals – nein, niemals – auf diesen Namen reagieren würde. Aber Sie kennen das alte Sprichwort über viele kleine Wassertropfen, die die Oberfläche des härtesten Steins durchdringen, und das Gleiche traf in diesem Fall zu. Außerdem sollte man nicht vergessen, dass sie, meine Mamie Rose, englischer Abstammung war, ich irischer Abstammung, und in Irland befindet sich der Blarney Stone, der jedem Nachkommen der guten Familie Erin einen wunderbaren Zauber in die Liebesbeziehungen einflößt.

Kaum hatten wir unseren Liebesbund besiegelt, erschrak ich furchtbar. Meine Mama Rose wollte, dass ich ihrer Mutter mitteile, was geschehen war.

Mrs. Deering und ich waren sehr gute Freunde geworden. Bei mehreren Gelegenheiten war sie sogar meine Mitverschwörerin gewesen, indem sie mir half, einige seltsame Multiplikationsrätsel zu lösen, die mir ihre Tochter auferlegt hatte. Ich hatte oft an ihrem Tisch gesessen und viele angenehme Stunden in ihrem gemütlichen Heim verbracht, die sie mir bereitete. All dies schien jedoch nicht auszureichen, um meinen Mut auf das erforderliche Niveau zu heben. Viele besonders heikle Situationen in meinem früheren Leben hatte ich ohne mit der Wimper zu zucken ertragen, aber ich zitterte geradezu, als ich dieser netten Dame mit meinen bedeutungsvollen Informationen und meiner Bitte gegenübertreten musste.

Wenn ich vor Angst gezittert hatte, bevor ich es ihr sagte, zitterte ich danach vor Freude.

Ich traute meinen Sinnen kaum, als ich kein einziges Wort des Bedauerns oder des Vorwurfs aus ihrem Mund hörte. Und als sie ruhig und daher höchst eindrucksvoll sagte: „Ich habe keine Angst um Maries Zukunft", wurde ich auf der Stelle ihr Leibeigener und bin ihr bis zum heutigen Tag hörig.

Richard, mein tapferer, verkrüppelter Dick – mein „anderer" Kumpel – gratulierte mir überschwänglich, gab aber zu, dass es ein egoistischer Grund war, denn jetzt war ich „todernst" sein großer Bruder.

Natürlich verstärkte dies alles meinen Antrieb, mehr Geld zu verdienen, und ich legte so viel Eifer in meine Arbeit, dass mein Lohn um ein Vielfaches erhöht wurde. Trotzdem war ich immer noch nichts weiter als ein „Gepäckzertrümmerer". Das alles, die Balz und der Rest, war jedoch so völlig ungewöhnlich, dass uns eine Kleinigkeit wie diese keine Sorgen bereitete. Und wenn man zufällig ein „Gepäckzertrümmerer" ist, heißt das nicht, dass man das immer bleiben muss. Außerdem störte es die Königin nicht, und was die Katze betrifft, nun – es hat keinen Sinn, mit Ihnen zu reden, wenn Sie sich nicht vorstellen können, was die Katze davon hielt.

KAPITEL XVI.

BOTSCHAFTER BILL.

Einer, der auf den vorangegangenen Seiten etwas vernachlässigt wurde, ist mein alter Kumpel, mein Bill. Seine Seele, sein Herz, sein Instinkt, nennen Sie es, wie Sie wollen, wurden schweren Prüfungen unterzogen.

Der Grund dafür war Mamie Rose.

Als sie in unser Leben trat, säte sie den Samen der Eifersucht zwischen Bill und mir.

Bill fand eine neue Freude daran, neben meinem Lehrer zu traben, wenn er eigentlich an meiner Seite hätte sein sollen. Er schien der stolzeste Hund der Welt zu sein und würdigte mich kaum einer Notiz.

Das nahm ich übel.

Andererseits kam Bill manchmal nicht zur Ruhe, wenn Mamie Rose und ich eng beieinander saßen, bis er sich mit all seiner Kraft zwischen uns gezwängt hatte.

Lange Zeit wusste er nicht, wen von seinen beiden Freunden er am meisten lieben sollte. Doch im Laufe der folgenden Wochen und Monate beschloss er, seine Zuneigung gleichmäßig zu verteilen, und dann verstanden wir die Gefühle des anderen und respektierten unsere jeweiligen Positionen.

Könnte ich doch einen Blick in Bills Hundehirn werfen und die Erinnerung an diese himmlischen Tage lesen!

Ein Mann, der zur Grobheit und Brutalität geboren ist, verliert manchmal die Kontrolle über seine erworbenen Fähigkeiten. Es kam ein Tag, den sie längst vergeben und vergessen hatte, den ich aber noch nicht ausreichend gesühnt hatte, als ich dem unterdrückten Tier in mir erlaubte, für einen kurzen Moment die Oberhand zu gewinnen. Ich sah sofort, was ich getan hatte, und erkannte, dass mein Rowdytum nicht vergeben werden konnte.

Dann folgte ein Abtauchen in tiefste Schatten. Bedauern, Vorwürfe, Selbstanklagen – was nützten sie mir? Sie konnten mich nicht ins Paradies zurückführen. Das Zimmer wurde zu einem Ort stillen Grübelns, den Bill nicht mehr so regelmäßig teilte wie früher. Bill hatte an unserer Entfremdung nichts zu tun. Obwohl er ein emotionaler Hund war, vergaß er nie, sich um seinen inneren Hund zu kümmern, wenn sich eine Gelegenheit dazu bot. Von Anfang an hatte er fleißig die Bekanntschaft der Mutter meiner kleinen Tochter gepflegt. Zunächst hatte er, in seiner würdigen Bescheidenheit, im Laufe der Zeit darauf bestanden, ein regelmäßiger Gast am Esstisch zu sein. Ich wollte ihm diese Gewohnheit abgewöhnen, aber die Mutter erzählte mir im Vertrauen, dass Bill ihr ganz deutlich zugeflüstert hatte: „Ich glaube, Sie sind die allerbeste Köchin der Welt." Nur wenige Frauen können einem solchen Kompliment widerstehen.

Zwei lange Tage hatte ich sie nicht gesehen – ihre Stimme nicht gehört. Sie wohnte gleich um die Ecke, und vom Fenster meiner Wohnung aus konnte ich die Mauern sehen, die meinen Schatz schützten, den ich für immer verloren glaubte. Ich saß da und starrte auf die grausamen Ziegel, die „Halt!" zu schreien schienen. Kein Wunder, dass die kleineren Dinge des Lebens für mich an Bedeutung verloren hatten! Sogar Bill hatte für den Augenblick nur wenig Platz in meinen Gedanken, aber er verlor keine Zeit, sich mir mit aller Kraft zu präsentieren.

Ich stand am Fenster und die Tür war leicht angelehnt. Alles war still, sehr still, bis ein langsames Getrappel auf der Treppe die Heimkehr meines Partners verkündete. Als ich das Zimmer betrat, warf ich ihm meinen beiläufigsten Blick zu. Er wollte die Gelegenheit unbedingt nutzen und begab sich schnell in den Schatten unter dem Bett. Aber als ich ihn sah, verwandelte sich mein achtloser Blick schnell in einen besorgten, und nach langem Zureden kroch er heraus und sah mich an.

Mein tapferer Ritter hatte seinen Bezwinger gefunden. Der Held vieler Schlachten saß verwundet und verbunden vor mir. Sein linkes Auge war mit Leinen umwickelt. Er versuchte, die Sache leichtfertig zu übergehen; er wedelte mit dem Schwanz, aber nur einmal, denn auch dieser war verbunden. Dann warf er sich meiner Gnade aus.

Es oblag mir als seinem Partner, das Ausmaß der Verletzung zu untersuchen, und ich löste vorsichtig den Verband, der sein Auge bedeckte. Es war nur ein kleiner Kratzer, der verdächtig nach einem Katzenkratzer aussah. Außerdem bemerkte ich, dass sein Ehrenzeichen – sein Kragen – fehlte. Als ich den Verband, ein Taschentuch, gerade wegwerfen wollte, fiel mein Blick auf ein bekanntes Monogramm in der Ecke, und – ich kann mich nicht mehr genau erinnern, wie es passierte – im nächsten Moment stiegen mein Bill und ich die wackelige Treppe hinab, zwei Stufen auf einmal.

Gerade als wir um die Ecke bogen, fiel eine streitlustig aussehende getigerte Katze besonders auf. Aus irgendeinem Grund war Bill die andere Straßenseite lieber. An ihrer Tür gesellte er sich wieder zu mir, und die Botschafterin meiner Königin führte uns nach oben.

Da stand ich vor ihr und stammelte unflätige Entschuldigungsfloskeln. Ich erwähnte Bills Halsband. Eine zierliche Hand nahm es vom Kaminsims und reichte es mir; unsere Finger trafen sich und – die ganze Welt sang wieder den süßen Refrain, der tagelang verstummt war. Die Unverschämtheit dieses Hundes spottet jeder Beschreibung. Er hatte die unverschämte Frechheit, alle Ehre dafür zu beanspruchen, das Geklimper der Liebe wieder in Einklang gebracht zu haben, und klopfte in seiner Aufregung dreimal mit seinem verletzten Schwanzanhängsel auf den Boden, bevor er versuchte, hineinzubeißen.

Dann begann unser Glück von neuem.

KAPITEL XVII.

MEIN DEBUT IN DER GESELLSCHAFT.

Wären unsere Zukunftspläne von meinen Neigungen oder vielmehr meinen Impulsen abhängig gewesen, hätte unsere Hochzeit sehr bald nach unserer Verlobung stattgefunden. Ich hielt es für notwendig, dass wir unser zukünftiges Glück nur durch unsere Liebe sichern konnten. Alles andere war unwichtig. Jetzt weiß ich, dass sie das bessere Urteil gefällt hat.

Ich hatte genug Verstand, um ihre Weisheit anzuerkennen. Ich war noch immer tief im Wald der Unwissenheit verstrickt. Es wäre nicht richtig gewesen, mich ihr aufzudrängen, so kultiviert und gebildet sie auch war – bis ich zumindest annähernd auf dem gleichen Niveau war. Ich hatte noch viel, sehr viel zu lernen, bevor ich mich für fähig hielt, mich zu den Nicht-Analphabeten zu zählen. Es lagen noch Jahre des Studiums vor mir, doch mit solch einer Belohnung vor mir stürzte ich mich mit wahrer Begeisterung in meine Aufgabe.

Obwohl ich oft über mein Schicksal murrte, war mir völlig klar, dass es viele Monde dauern würde, bis ich meiner Mamie Rose mit Recht sagen könnte: „Jetzt bin ich bereit.“

Wir waren beide Menschen. Manchmal vielleicht, in der Stunde, wenn die Sonne aufgegangen war und die goldenen Flügel für den Rest einer weiteren Nacht gefaltet waren, fühlten wir, Mamie Rose und ich, auf dem Feld oder in der ländlichen Stille das intonierte, unisono singende Lied unserer Herzen, das uns zusang, dass wir eins waren, eine Einheit und nicht zwei verschiedene Persönlichkeiten, und dann waren wir oft kurz davor, alle früheren klugen Entschlüsse über Bord zu werfen und fühlten uns von dem Wunsch beseelt, diese zweifache Existenz morgen zu beenden. Diese Phasen dauerten nie lange. Der Morgen kam und flüsterte: „Narren“, und wir vergaßen in harter Arbeit, dass wir von unseren Absichten abgewichen waren.

Seitdem habe ich viele Tage mit sehr harter Arbeit verbracht, aber ich habe nie so gearbeitet wie damals. Unternehmen sind nicht daran gewöhnt, großzügige Gehälter zu zahlen, es sei denn, jeder Cent davon ist im Schweiße des Angesichts verdient. Zum einen erhielt ich in meiner bescheidenen Position außerordentlich hohe Löhne – und, um ehrlich zu sein, musste ich sie mir im Schweiße des Angesichts verdienen. Oft bekam ich die Gelegenheit, gegen Mehrlohn „Überstunden“ zu machen. Das war immer willkommen, weil es so viel mehr auf mein Sparkonto einbrachte, aber es „brach mich einfach aus“.

Vom Pier aus eilte ich zu Mamie Roses Haus, um dort Bericht zu erstatten oder Unterricht zu erhalten, obwohl manchmal neben dem Unterricht auch andere Dinge besprochen wurden. Dann ging es nach Hause und zur Arbeit.

Ich hatte den Dachboden verlassen und mir ein Zimmer genommen, von dem aus ich Mamie Roses Dach sehen konnte. Im Zimmer angekommen, würde Bill spazieren gehen und zu Abend essen und dann zusehen dürfen, wie sein Herr „sich erzog". Die Standard Oil Company sollte mir wirklich einen Rabatt geben. Ich war ein guter Kunde, zog aber nicht den größtmöglichen Nutzen aus dem Öl. Mein Mitternachtsöl brannte oft bis in den Morgen hinein und hatte keinen besseren Zweck, als Schatten auf den schlafenden Schüler und seinen Hund zu werfen .

Ich erröte vor tiefer Scham, wenn ich dieses Geständnis mache; ich bin ausnahmslos bei Ralph Waldo Emerson eingeschlafen, während ich bei Alexandre Dumas keine Probleme hatte, wach zu bleiben. Dies soll keine Kritik an Emerson sein, obwohl er es sich durchaus leisten könnte, von mir kritisiert zu werden, aber allgemein gesprochen scheint es jemandem, der so ungebildet ist wie ich, so, als ob die Wahrheiten des Lebens, des Denkens und der Wissenschaft immer auf Stelzen zu uns kämen. Ich konnte aus modernen Romanen nicht viel lernen und bin und werde immer gezwungen sein, auf alte Freunde zurückzugreifen, die mir das Gerüst für die eher dürftige Struktur meiner Ausbildung liefern. Aber obwohl ich sie sehr liebe, wünsche ich mir oft, sie wären besser an mein Verständnis angepasst.

So schritt die Zeit mit Büchern, Arbeit und zärtlichem Umgang mit der, die ich liebte, in nie haltmachendem Tempo dahin und wurde von mir mit größter Sorgfalt aufgezeichnet. Meine Kalender waren Musterchroniken der Zeit, und oft wünschte ich mir, sie wären praktische Staatsmänner, damit sie mit den üblichen Mitteln beschleunigt werden könnten.

Mit einer Ausnahme geschah nichts, was den gleichmäßigen Verlauf unseres Lebens verändert hätte. Diese eine Ausnahme hat mir bis zum heutigen Tag einen besonders bitteren Nachgeschmack hinterlassen. Ich gebe zu, dass ich in dieser Angelegenheit voreingenommen bin, aber ich kann die Wahrheit sagen, und damit ich besser verstanden werde, werde ich die Episode hier erzählen.

Spät an einem Samstagabend hatte ich Gelegenheit, einen meiner ehemaligen Freunde zu besuchen, der krank auf einer Pritsche in einem Logierhaus in der Nähe von Chinatown lag. Auf meinem Heimweg kam ich am Eingang zu Chinatown vorbei – Pell Street, beginnend an der Bowery. Ich hatte gerade ein paar der Männer begrüßt, die vor Barney Flynns Haus – dem Palast des Königs der Bowery – herumlungerten, als mich jemand ansprach
.

Ich sah mich um und sah eine Gruppe von Touristen auf mich zukommen. Ich hatte mit derartigen Angelegenheiten nichts mehr zu tun und wollte meinen Weg fortsetzen, ohne ihnen Beachtung zu schenken, aber einer von ihnen, dessen Stimme mir vertraut war, rief mich beim Namen.

„Was willst du?", fragte ich und hielt inne.

„Was ist los, Kil ? Erinnerst du dich nicht mehr an deine Freunde ?"

Ich sah den Sprecher an und erkannte ihn wieder als einen meiner ehemaligen Schüler im Bereich Sport. Seinen Namen zu erwähnen, würde nichts nützen, ich sage nur, dass er mein Lieblingsschüler gewesen war und dass ich geglaubt hatte, dass zwischen uns eine gegenseitige Sympathie bestand. Um Irrtümern vorzubeugen, möchte ich sagen, dass er nicht mein Patient gewesen war, da er weder zu dick noch zu mager war, sondern nur einen Boxkurs belegt hatte, um die männliche Kunst der Selbstverteidigung zu erlernen. Ich hatte ihn seit dem Ende meines Sportunterrichts nie wieder gesehen und freute mich über diese unerwartete Begegnung.

Er bestand darauf, dass ich ihn und seine Freunde dieses eine Mal und zu seinem großen Vergnügen durch Chinatown führen und ihnen die interessantesten Sehenswürdigkeiten zeigen sollte. Seine Freunde kamen alle von außerhalb, schienen ernsthafter zu sein als der durchschnittliche Touristen und waren so überzeugend, dass ich mich nicht weigern konnte, ihnen als Führer zur Seite zu stehen.

Während unserer Reise durch die alten Schauplätze meiner früheren Tage erkundigte sich mein ehemaliger Schüler nach meinem gegenwärtigen Wohlergehen und war sehr froh zu hören, dass ich auf andere Weise zurechtkam als auf der, die ich früher angewandt hatte. Kurz bevor ich mich von ihm verabschiedete, sagte er mir, dass er in letzter Zeit sehr wenig Sport gemacht habe und dass er mich gelegentlich zum Boxen einladen wolle. Ich lachte über seinen Vorschlag und sagte ihm, dass ich mich für immer als im Ruhestand betrachte, es aber nicht für ratsam hielt, ihm den wahren Grund für meine Ablehnung zu nennen. Er erhöhte ständig die Konditionen, die er mir zu zahlen bereit war. Ich konnte nicht umhin, daran zu denken, wie das zusätzliche Einkommen meine Anzahlung erhöhen würde und mich dadurch der Verwirklichung meines kühnsten Traums näher bringen würde, und nach einigem Nachdenken willigte ich ein, ihn zweimal pro Woche abends aufzusuchen, um mit ihm „die Fausthandschuhe anzuziehen".

Ich hatte ihn mehrere Male besucht, bevor ich ihm erzählte, wie sehr sich mein Leben verändert hatte. Mamie Rose war dabei nicht ausgenommen, und Sie können sicher sein, dass ich ihre Lieblichkeit, Hingabe und Schönheit in den glühendsten Farben schilderte. Meine Hochachtung für diesen Mann war aufrichtig, und ich nahm an, dass alles, was ich ihm erzählte, im richtigen

Geist aufgenommen wurde. Ich bin nicht geschwätzig, aber wenn es darum ging, über meine Mamie Rose zu sprechen, kannte ich keine Grenzen. Mein Herz glühte einfach vor Liebe, und ich wurde nie müde, sie zu preisen, die die Wahrhaftigste und Beste war.

Mein Mann versäumte es nie, sich nach ihr zu erkundigen und schickte ihr sogar ein paar Geschenke durch mich. Mamie Rose warnte mich davor, aber die Dinge überstiegen meine Mittel und trugen zu ihrem Charme bei, und ich wollte nicht auf sie hören.

Am Ende einer unserer Sitzungen lud mich mein ehemaliger Schüler ein. Er hatte seiner Mutter von mir erzählt und sie war sehr gespannt, mich kennenzulernen. Zu einem bestimmten Zeitpunkt sollte ich bei seiner Mutter vorbeischauen – er selbst lebte in einer Junggesellenwohnung –, um dort ein paar Freunde zu treffen.

In dieser Einladung war auch Mamie Rose enthalten. Ich sprudelte vor Aufregung über, als ich ihr von der Ehre erzählte, die uns zuteil wurde. Die ruhige Art, mit der sie meine Neuigkeiten aufnahm, enttäuschte mich.

„Freust du dich nicht?", fragte ich. „Beweist das nicht, dass mein Freund das richtige Kaliber hat und sowohl dir als auch mir mit dieser Einladung in das Haus seiner Mutter eine Ehre erweisen möchte?"

„Ich wünschte, ich könnte mir in diesem Punkt ganz sicher sein", sagte mein kleiner Berater, „aber ich fürchte, diese Einladung wird uns keine Freude bereiten, sondern genau das Gegenteil bewirken."

„Oh, mein Mädchen", schmeichelte ich ihr, „ich kenne diesen Kerl und Sie nicht. Er ist ein braver Kerl und Sie können mir glauben, dass die Einladung in gutem Glauben ausgesprochen wurde."

Ich setzte mich durch und am vereinbarten Tag drangen wir in die vornehmsten Viertel der Stadt ein, um die Gastfreundschaft unserer Freunde, der feinen Leute, zu genießen.

Nachdem wir den prüfenden Blick des Mannes an der Tür, der offensichtlich von unserem Kommen erfahren hatte, passiert hatten, wurden wir in einen Salon geführt. Der einzige, den ich unter den Leuten kannte, war mein ehemaliger Schüler, der schnell auf uns zukam, um uns zu begrüßen und uns dann vorzustellen.

Obwohl ich mit den Gepflogenheiten der Oberschicht nicht vertraut war, sah ich auf den ersten Blick, dass die Menge erwartungsvoll gewesen war und nun enttäuscht war.

Um diese Enttäuschung zu erklären, sollte ich erwähnen, dass ich einen schwarzen Anzug aus gutem Material und guter Verarbeitung trug. Meine

Krawatte war nicht in Regenbogenfarben gehalten und ich hatte keine Gelegenheit, nach einem geeigneten Ort für meinen Auswurf zu suchen. Um die Enttäuschung noch zu steigern, verhielt ich mich am Esstisch entgegen den Erwartungen. Ich versäumte es, das Essen mit der Messerspitze zum Mund zu führen und vergaß, meinen Finger in das Salzfässchen zu tauchen.

Meine Mamie Rose war wie immer schicklich und angemessen gekleidet und hatte ein Taktgefühl in ihrem Auftreten, das mich davor schützte, meinem Temperament freien Lauf zu lassen.

Bevor wir das Esszimmer betraten, erregten die beiden Freaks aus der Bowery große Aufmerksamkeit. Die Männer drängten sich um mich und erwarteten, erlesene Geschichten einer bestimmten Art zu hören, die entgegen der landläufigen Meinung nicht ursprünglich aus der Bowery stammen, sondern von diesen Pionieren der verfeinerten Zivilisation dorthin gebracht wurden. Ihre Gesichter verfinsterten sich, als ich mich als entschiedener Versager dieser Art des Geschichtenerzählens erwies.

Während ich in ihrer Mitte war, vergaß ich Mamie Rose nicht, die das Zentrum der weiblichen Freak-Jägerinnen war. Ich verglich ihre Haltung, ihre Natürlichkeit mit der künstlichen Lebhaftigkeit der Damen der Gesellschaft und fand sie so bewundernswert und ausreichend, dass ich es mir leisten konnte, über die Augenzwinkern und Hohngelächter zu lachen, die hinter ihrem Rücken ausgetauscht wurden.

Eine alte Frau, die mit ihrem grauen Haar ein ehrfürchtiges Bild des Alters abgab, musterte meine Mamie Rose absichtlich durch ihre Lorgnon, als wäre das süßeste Mädchen dort oder anderswo ein entflohenes Tier aus dem Dschungel. Ich konnte das nicht ertragen und ging auf mein Mädchen zu. Aber sie spürte mein Kommen, drehte sich zu mir um und zeigte in ihrem Blick die Fähigkeit, den übel verschleierten Hohn und Beleidigungen dieser Horde ihrer Schwestern standzuhalten .

Ein paar Minuten bevor das Abendessen angekündigt wurde, hatte ich Gelegenheit, Mamie Rose zu bitten, uns gehen zu lassen.

„Ich wollte nicht kommen, aber jetzt sind wir hier und hier bleiben wir", lautete ihr temperamentvolles Diktum.

Der zeremonielle Stil des Essens und die Unterhaltung währenddessen beeindruckten mich wenig. Die Leere, die Oberflächlichkeit und der Wunsch, „anzugeben", waren zu deutlich. Ich hatte damals – und auch heute – noch nicht diese Höhe gesellschaftlicher Perfektion erreicht, um ein Essen zur wichtigsten Funktion meiner täglichen Arbeit zu machen. Nachdem wir Herren (ich fürchte, ich war nicht dabei) geraucht und uns mit den Karaffen gestritten hatten, gesellten wir uns zu den Damen im Salon. Eine von ihnen hatte offensichtlich „für mich gedeckt" und nahm mich gefangen, sobald ich eintrat. Ich wurde zu einem Sofa geführt und dort hatten wir ein sehr, sehr ernstes Gespräch.

Sie fragte mich dies und das: ob die Tauchgänge wirklich so schrecklich seien, wie beschrieben; ob es völlig sicher sei, sie zu besuchen; ob ich mich gegen eine großzügige Entschädigung bereit erklären würde, als Führer zu fungieren; ob ich jemals Zeuge irgendwelcher „interessanter" Szenen unten am Bowery geworden sei; und – ersparen Sie mir, den Rest zu erzählen.

Meine Antworten entsprachen nicht den Wünschen und ich bekam endlich ein Beispiel offener Ehrlichkeit.

„Wissen Sie, Mr. Kildare", sagte mein prächtiger Begleiter, „als Bowery-Typ sind Sie eine entschiedene Enttäuschung und überhaupt nicht der unterhaltsame Kerl, für den wir Sie gehalten hatten."

„Ich bin sicher, das ist eher die Schuld der Zeit als meine", antwortete ich. „Mit den Jahren verlieren wir oft unsere unterhaltsamen Qualitäten und auch unsere Attraktivität."

Damit endete unser ernstes Gespräch, dennoch war sie eine überraschend gut geschminkte Frau.

Endlich war die Zeit unserer Abreise gekommen und ich verabschiedete mich. Da unser Besuch mehr oder weniger ein Fiasko war, nutzte einer der engeren Freunde der Familie diesen Moment, um zu versuchen, die „Unterhaltung" vor dem völligen Reinfall zu bewahren.

„Ich sage Ihnen, Kildare", begann dieser ehrenwerte junge Mann, der zweifellos mit meinen früheren Auftritten in Sachen Temperamentlosigkeit nicht vertraut war, „Sie sind jetzt in der Gesellschaft gewesen, und es wäre sehr angebracht, wenn Sie uns Ihre Eindrücke in Ihrer eigenen Sprache erzählen würden – wohlgemerkt, in Ihrer eigenen Sprache."

Ausnahmsweise halfen die flehenden Blicke meiner Mamie Rose nichts, und ich begann, meine Eindrücke in „meiner eigenen Sprache" auszudrücken, was sich als ausreichend erwies und mich nicht zwang, die Sprache eines anderen zu übernehmen. Mein Herz war verbittert . Die Meinung dieser Leute war mir völlig egal. Für sie war ich ein Freak. Was sie waren und was sie für mich sind, muss hier nicht geschrieben werden. Ich hätte über all das lachen können und wäre der einzige gewesen, den es wirklich unterhalten hätte. Aber der Gedanke, dass diese Leute, die stolz auf ihr Portemonnaie und ihre Kaste sind, meine Mamie Rose in ihren Sport einbeziehen sollten, ließ mein Blut wie kochende Lava in Wallung geraten.

Wie weit mein Ausbruch gegangen wäre, kann ich nicht sagen. Dieselbe kleine Hand, die mich immer geführt hatte, berührte meinen Arm, und ich folgte ihr in die Halle.

Bevor wir abreisten, kamen Mutter und Sohn zu uns und entschuldigten sich aufrichtig. Sie waren aufrichtig, das spürten wir und akzeptierten sie. Der Sohn warf sich vor, die Situation missverstanden zu haben, und ich stimmte ihm zu. Wir wurden sehr freundlich eingeladen, mit ihnen zu Abend zu essen . famille ", aber obwohl wir im besten Verständnis abreiste, wurde die Einladung dankend abgelehnt.

Wieder draußen in der Luft, unter Gottes eigenem Himmel, gingen wir eine ganze Weile schweigend weiter. Meine Güte, ich schämte mich und war bereit, mit vollkommener Gelassenheit das „Ich hab's dir ja gesagt" meiner Mamie Rose anzuhören.

Aber es kam nicht, und ich begann, mein Flehen um Verzeihung einzustudieren.

„Mein Mädchen", flehte ich, „willst du mir dieses Mal nicht verzeihen, und ich verspreche, niemals …"

Bevor ich fertig war, entschuldigte ich mich mit einem silbernen Lachen und die Welt war wieder in Ordnung.

Weniger als eine Stunde später waren wir aus der Gesellschaft heraus und, so seltsam es auch klingen mag, wir waren vollkommen glücklich. Meine Mamie Rose war mit ihren Schularbeiten beschäftigt, die Mutter machte eine wohlverdiente Pause – vielleicht versuchte sie, ein kleines Nickerchen im Schaukelstuhl zu machen, und der Kleine und ich rannten durch die Gegend, während ich die Melodie von „The Rocky Road to Dublin" hörte, die ich – nennen wir es mal so – mit einer Stimme sang, die die Dachsparren erbeben ließ.

In den letzten zwölf Monaten wurde mir mehrmals die Ehre zuteil, zu Veranstaltungen der höheren Gesellschaft eingeladen zu werden. Sie wurden in einem anderen Geist ausgesprochen als die erste Einladung, aber ich konnte mich nicht dazu durchringen, sie anzunehmen.

Ich möchte ausdrücklich betonen, dass ich weder anarchistische noch nihilistische Neigungen habe. Wir alle haben unsere Arbeit vor uns, und meine Arbeit besteht nicht darin, in den Salons der oberen Kreise emotionale Ausbrüche der Wohltätigkeit zu schüren.

KAPITEL XVIII.

DIE REISE NACH HAUSE.

Die Zeit verging und brachte viele der Dinge mit sich, nach denen ich strebte. Ein gelehrter Mensch, ein Wissenschaftler zu werden, war nie mein Wunsch, und höchstwahrscheinlich wäre es auch unmöglich gewesen, wenn ich es gewollt hätte. Was ich wollte, war, in der Lage zu sein, zu verstehen, ein gewisses Maß an geistiger Ausgeglichenheit zu erlangen und dann in der Lage zu sein, das erworbene Wissen bestmöglich einzusetzen.

Mit der Veränderung meines Lebens änderten sich auch meine Ziele, und wie im alten Leben strebte ich auch im neuen Leben nach Erfolg. Der beste Weg, ein Ziel zu verwirklichen, besteht darin, es vernünftig zu gestalten.

Ich tastete mich immer noch vorwärts, aber Gott sei Dank kam ich voran. Aus der Dunkelheit, die mich noch umgab, kam ich dem Licht immer näher. Ich spürte dies und es gab mir das Gefühl, dass meine Bewährung zu Ende sein sollte.

Erfolg ohne Sparsamkeit ist nicht möglich. Mein materieller Aufstieg war weitergegangen. Ich war erneut befördert worden und hatte die niedrige Position eines „Gepäckzertrümmerers" weit hinter mir gelassen. Mein Gehalt reichte mehr als aus, um meine Bedürfnisse zu decken, und meine Einlage bei der Sparkasse war wundersam gewachsen.

Kapitalisten sind sprichwörtlich aggressiv. Ich, der ich zu ihnen gehörte, handelte dementsprechend und begann, die Dinge voranzutreiben. Frauen lassen sich gerne überreden und drängen, und ich tat meinen Teil dazu, weil ich wusste, dass das Ergebnis so ausfallen würde.

Mit dem Einverständnis der Mutter wurde unser Hochzeitstermin auf Februar festgelegt.

Wieder begann eine glorreiche Zeit.

Es waren noch über zwei Monate bis zu dem Tag, an dem wir Mann und Frau werden sollten, und wir hielten es für notwendig, uns über einige praktische Einzelheiten zu informieren. Da es mir nun fast gelungen war, einen Mentor fürs Leben zu gewinnen, beschlossen wir, unsere abendlichen Vortragsreisen einzustellen und verbrachten die meiste Zeit damit, von Geschäft zu Geschäft zu schlendern.

Die Zeit, Haushaltswaren zu kaufen, war noch nicht gekommen, aber es schien Mamie Rose Freude zu bereiten, in die Schaufenster zu schauen. Manchmal gingen wir sogar so weit, in ein Geschäft zu gehen und die Preise der Waren zu prüfen. Dann wuchs meine Bewunderung für mein kleines Mädchen wieder.

Ich hatte schon vor langer Zeit erkannt, dass ich nur einen sehr geringen Anteil an gesundem Menschenverstand hatte, und es war eine großartige Anschauungsstunde, meine Mamie Rose im Umgang mit den Händlern zu sehen. Ruhig und gelassen hörte sie sich die süßen Worte an und handelte dann nach ihrem eigenen Urteil, das immer richtig war. Von der Klugheit weiblicher Einkäufer wusste ich damals noch nichts.

Eines Abends versuchte ich, ein wenig von meinem Geschäftssinn zu zeigen. Ich wählte ein schlechtes Übungsthema – Diamanten. Ich kann ihre Worte noch immer in meinen Ohren klingen hören. Wie dumm es doch war, dass arme Leute knauserten und hungerten, um auffällige Leute zu imitieren, indem sie Juwelen trugen, die sie auf Kosten von etwas Nützlicherem gekauft hatten. Diamanten und Juwelen waren oft das Mittel, die Unwissenheit der Trägerinnen noch auffälliger zu machen. Eine Frau, die Juwelen trägt, weiß, dass sie andere Reize braucht als die, die ihr von der Natur gegeben sind.

Genau hier habe ich das Beste von meiner Mamie Rose bekommen.

„Das mag alles wahr sein, aber trotzdem werde ich dir einen Ring kaufen, mein Mädchen", sagte ich sehr ernst.

„Nein, das wirst du nicht, denn du weißt, dass ich es nicht will, und es würde mich nur beleidigen, wenn du mir eines gibst."

„Was?", erwiderte ich und spielte meine Rolle perfekt. „Willst du mir nicht erlauben, dir für diesen Tag im Februar einen Ring zu kaufen?"

„Oh, das ist anders, und – warum lachen Sie, Owen Kildare?"

Oh, mein Mädchen, mein Mädchen, warum musste es so sein!

Bis zu diesem Tag waren es nur noch Wochen.

* * * * *

Es war im Januar, und wir waren auf einem unserer nächtlichen Streifzüge durch das Einkaufsviertel. Es war einer jener milden Winterabende, die unser Klima so ungleichmäßig machen. Ich war froh darüber, denn meine Mamie Rose war ein zierliches, zartes kleines Wesen, und an kalten Abenden hatte ich Angst, dass sie unter dem Wetter leiden könnte.

Wir schauten uns gerade ein paar Möbelstücke in einem Schaufenster an, als ein Regenguss fiel. Wir waren mittendrin. Ich wollte, dass sie in einem Laden oder zumindest in einem Hauseingang Zuflucht sucht, aber wir waren nur ein kleines Stück von ihrem Haus entfernt und sie bestand darauf, dort anzukommen, bevor der Regenguss zu einem Platzregen wurde.

Ich trug einen dicken Mantel über einem robusten Anzug. „Lass mich dir wenigstens meinen Mantel über die Schultern legen", beharrte ich.

„Nein, du dummer Junge, nein“, lachte sie als Antwort. „Wir sind ja nur einen Katzensprung von zu Hause entfernt und ich bin warm genug angezogen, um diese paar Tropfen zu riskieren.“

Diesmal hatte meine Mamie Rose Unrecht, und es war das „einmal“, das zählte.

Ich hatte viele Bedenken, als ich sie zu Hause ließ, aber sie versicherte mir, dass sie nicht in Gefahr sei, die Auswirkungen der Feuchtigkeit zu spüren.

Ich rief am nächsten Abend an.

Sie war den ganzen Tag im Bett gewesen.

Natürlich war es nichts. „Nur eine leichte Erkältung“, das war alles – aber der Anfang vom Ende war gekommen.

Sie hat uns wegen unserer Ängste ausgelacht.

„Na, morgen bin ich wieder auf den Beinen und ungefähr so wie immer.“

Morgen! Morgen wurde zu schrecklichen, furchtbaren Wochen. Ja, wochenlang lag sie voller Schmerzen in ihrem Bett und ich staunte voller Ehrfurcht über den heroischen Geist meines kleinen Mädchens.

Die Schwäche nahm zu, bis sie aussah wie eine zierliche, aus Alabaster gehauene Statue.

Es war nur noch etwas mehr als eine Woche bis zu unserem Hochzeitstermin. Der Arzt stieg aus ihrem Bett und winkte mir, ihm ins Nebenzimmer zu folgen.

Sie wissen, was er mir erzählt hat, und Sie wissen, dass ich ihm nicht geglaubt habe.

„Das Ende naht? Pfui, was für ein Unsinn! Gab es nicht einen liebenden, barmherzigen Gott über uns?“

Ich konnte die mir vorliegenden Beweise nicht leugnen. Ihr Zustand verschlechterte sich von Tag zu Tag, aber ich konnte und wollte das nicht glauben, was sogar ihre Mutter resigniert hingenommen hatte.

Und nächste Woche sollten wir heiraten!

Es gab Phasen, in denen sie die Vernunft verließ, doch in all ihren bewussten Momenten sprach sie mit der Weisheit einer anderen Welt zu mir und hinterließ mir ihr Erbe reinster, göttlicher Liebe.

Dann war der Tag da!

Die Nachmittagssonne stand schon tief, als sie mich bat, sie ans Fenster zu heben. Es war eine bescheidene Gegend, bar jeder malerischen Schönheit.

Alles, was wir im letzten Glanz der untergehenden Sonne sahen, war ein kleines Mädchen auf dem gegenüberliegenden Gehsteig, das mit einem Kätzchen spielte. Das Bild war sehr schlicht, aber meine Liebste beobachtete es mit lächelndem Interesse, bis ihr müdes Köpfchen auf meine Schulter fiel.

Sie war so leicht, dass man kaum merkte, dass er etwas in seinen Armen hielt, und ohne sie aus ihrer Ruheposition zu bringen, trug ich sie zurück zu ihrem Sofa. Zurück in ihrem Bett schüttelten wir uns die Hände, wie es törichte Liebende tun, und, immer noch zuversichtlich, immer noch hoffnungsvoll, eingelullt von der Stille und ihrem glücklichen Lächeln, schlief ich ein.

Plötzlich wurde ich aufgeweckt.

Ihre Hand lag nicht in meiner. Ihre Mutter kniete weinend neben dem Bett.

"Warum--?"

Ich verstand, und im selben Moment erschütterte das Gebäude, das sie mit so unendlicher Sorgfalt errichtet hatte, seine Grundfesten.

Im Handumdrehen war ich wieder der Alte. Das Tier, das so lange unterdrückt und teilweise gezähmt war, erwachte wütend in mir.

Ich jagte sie aus dem Zimmer. Außer mir hatte niemand ein Recht, dort zu sein. Und dann, allein mit ihr, schwelgte ich in meinem Kummer oder brach in wilde Wut aus.

Dort, auf der Kuppel über uns, waren all die glitzernden Himmelskörper, die, wie sie mich gelehrt hatte, strahlende Beweise für Gott waren.

Was für ein Hohn!

Ich eilte zum Fensterrahmen, brüllte im Delirium, schüttelte meine Faust gen Mond und Sterne – und verfluchte die Mächtige Präsenz.

Dann kam eine Pause.

Eine Zeit lang war ich cool und mir war klar.

Ihre Seele war in die höheren Sphären geflogen.

Ich saß minutenlang, stundenlang, gefühlte Ewigkeiten allein mit ihr, und jedes schöne Merkmal meiner Mamie Rose brannte sich für immer in mein Herz und meinen Geist ein. Meine rechte Hand ruhte auf ihrer, meine linke hing reglos neben mir. Etwas rieb daran. Es war Bill, und alles, was er für mich gewesen war, war vergessen. Niemand, nicht einmal er, hatte ein Recht darauf.

Wieder flammte das Biest auf, und zum ersten und letzten Mal spürte mein Bill die brutale Kraft meines Zorns. Trotzig kehrte er aus der Ecke zurück, in der er gelandet war, und sprach seinen berechtigten Anspruch aus:

„Ich habe hier ein Recht, Kil . Du hast sie geliebt, ich auch, und ich kann deinen Kummer verstehen."

Ich ließ ihn bleiben, und während dieser bitterkalten Nacht hielten Mann und Hund stille Wache neben der Bahre derjenigen, die beide geliebt hatte.

Vielleicht war es falsch von mir, die ruhige Kammer durch die Anwesenheit meines Gesetzesentwurfs zu entweihen, aber ich weiß, sie hätte es gebilligt – wir drei waren ehrliche und aufrichtige Kameraden.

Mit dem Aufgang derselben Sonne, deren Untergang sie und ich erst vor wenigen Stunden beobachtet hatten, kamen vernünftigere, heiligere Gedanken. Eine Botschaft schien von ihren heiligen Lippen zu mir zu schweben.

Ich kniete nieder und betete: „Dein Wille geschehe."

* * * * *

Ersparen Sie mir, Ihnen zu erzählen, wo, wie und wann sie begraben wurde. Was macht es für Sie aus, wie sie ihre letzte Reise antrat, um nie wieder leibhaftig zurückzukehren? Ob wir sie in Bergen ihrer Lieblingsblumen begraben ließen oder sie in der Kiefernkiste des Armen fortschickten, ist für Sie ohne Belang. Sie bedeutete Ihnen nichts, sie gehörte mir, ganz mir; im Leben oder im Tod, auf Erden oder im Himmel.

* * * * *

Neunzehntes Kapitel.

Das Erbe.

Mehr gibt es dazu nicht zu erzählen.

Die Zeit hat die Ecken und Kanten geglättet, und ich habe es nie wieder gewagt, meine mickrige Weisheit mit der Seinen zu vergleichen. Und doch, und das ist verzeihlich, vergeht kein Tag ohne die Frage: „Ist das, was ich gelernt habe, das Studiengeld wert?"

Es stimmt, mein Wissen ist im Vergleich zu Ihrem unbedeutend, aber wir unterscheiden uns auch in unserem „Woher".

Für mich ist das alles ein Wunder. Vorher habe ich nicht einmal im Dunkeln herumgetastet und nach Licht gesucht.

Ich war zufrieden.

Jetzt weiß ich zumindest, dass ich eine Seele und einen Geist habe und dass sie mir zu einem bestimmten Zweck gegeben wurden. Mein Verständnis hat Grenzen, und warum mein kleiner Führer erschöpft auf der Schwelle zusammenbrach, als sich mir langsam die Tore des besseren Lebens öffneten, ist mir jetzt ein Rätsel, aber eines Tages wird es eine Antwort geben.

Bald nach der Beerdigung gingen die Mutter und der kleine Bruder nach Westen zum älteren Sohn, um mit ihm ihr zukünftiges Zuhause zu finden. So blieben nur Bill und ich übrig.

Mit der Zeit haben wir uns daran gewöhnt. Wir hatten immer die gleichen Vorlieben und Hobbys und fanden Wege, unsere Zeit gewinnbringend zu verbringen.

Hier unten, wo wir leben, gibt es nur wenige Bäume und Blumen, und sogar Luft ist Mangelware. Luft ist notwendig, und Bill und ich haben einen Plan entwickelt, um sie unter diesen Umständen so sauber wie möglich zu bekommen.

Das tosende Treiben am unteren Broadway verwandelt sich mit Einbruch des Abends in tödliche Stille. Meilenweit sieht man, abgesehen von einem Wachmann oder Polizisten, kaum ein Lebewesen. Dort genießen Bill und ich unseren angenehmen Zeitvertreib. Nach getaner Arbeit gehen wir durch die ruhigen Straßen, bis wir unsere Veranda in der gähnend dunklen Schlucht der Wolkenkratzer erreichen. Wir reden nicht viel; es gibt besseren Umgang miteinander.

Von unserem Platz aus blicken wir in den Himmel und begrüßen das fröhliche Funkeln unserer strahlenden Freunde. Dann schlängelt sich unser Blick durch die tanzenden Myriaden von Himmelskörpern durch das

Labyrinth und hält nicht an, bis er den geliebten Geist in all der Pracht der himmlischen Heimat erblickt. Jeder Stern spiegelt ihr Gesicht in Glanz und hinter den dunstigen Schleiern des Wolkenlächelns leuchten ihre Augen strahlend. Bill und ich gehen nach Hause, nicht einsam, nicht traurig oder verbittert, denn wir haben die Stunden im Vorzimmer des Himmels verbracht und in der stillen Nacht eine weitere Lektion gelernt.

Das Firmament und die Sterne sind für uns alle da; ihre Herrlichkeiten leuchten für die ganze Menschheit. Sie, lieber Leser, können sie vielleicht kennenlernen – sie besitzen – aber leider können Sie meinen Bill nicht besitzen. Vielleicht würden Sie ihn nicht mögen. Er war nie schön, und jetzt wird er alt und ist für Sie vielleicht kein angenehmer Gefährte mehr. Aber er ist mit mir auf der Straße des Lebens gereist; er hat nie gelogen; er war treu und treu, und es gibt auf der ganzen Welt keinen anderen Hund wie meinen guten alten Kumpel.

Nach der Heimkehr meiner Mama Rose war ich einige Zeit krank, aber meine Stelle stand mir nach der Genesung noch offen. Ich war nicht mehr so stark wie früher, wollte aber meine Arbeit nicht vernachlässigen, und da ich mich überforderte, machte mich ein Unfall für diese Art von Arbeit dauerhaft untauglich. Ich musste mich einer Operation unterziehen – die später wiederholt werden sollte – und die Kosten dafür sowie die lange und erzwungene Untätigkeit erschöpften bald den Rest meiner Ersparnisse.

Dann sang die alte Vergangenheit das Lied des Versuchers. Aber nur für eine sehr kurze Zeit war ich dem Abgrund nahe, von dem ich leicht in den schwarzen Abgrund hätte zurückfallen können, aus dem ich gekommen war.

Ich habe die Versuchung überwunden und habe seitdem keine Angst mehr, in meine früheren schlechten Gewohnheiten zurückzufallen. Ich habe gelernt, das Leben zu verstehen, Geist und Seele in mir zu spüren und ich möchte weitermachen, nicht zurück.

Und außerdem ist da noch ihr Vermächtnis, das mich unterrichtet und inspiriert hat.

Manche, die meine Entschlossenheit, weiterzumachen, gutheißen, missbilligen möglicherweise die von mir angewandten, unmittelbaren Methoden.

Ich musste arbeiten und war gezwungen, die erste Gelegenheit zu ergreifen, die sich mir bot. Ich wurde Tellerwäscher in einer Kantine in der Innenstadt und verdiente drei Dollar die Woche.

Es war eine unangenehme Arbeit, aber es war Arbeit, und sie ließ mir abends und sonntags Zeit, in meinen Büchern zu leben.

Bill und ich wurden wieder auf den Dachboden verbannt. Uns hat das nicht viel ausgemacht, da wir beide in einer Stimmung waren, in der uns die Schönheit unserer Umgebung nichts ausmachte.

Eines Tages hörte ich, dass ein Bekannter mich sprechen wollte, um mir von einer besseren Stelle zu erzählen, die allerdings ebenfalls als Tellerwäscher zu besetzen war. Er wohnte in einem Logierhaus. Als ich dort anrief, war er nicht da, und ich setzte mich in den Lesesaal, um auf ihn zu warten. Die Tische waren mit Tageszeitungen bedeckt, die von den Logierhausbesitzern kostenlos zur Verfügung gestellt werden, und ich nahm mir eine, um mir die Zeit zu vertreiben.

Es war das Evening Journal. Ich überflog die Nachrichtenspalten und wollte die Zeitung dann weglegen. Die einzige Seite, die mich absolut nicht interessierte, war die Frauenseite. Einst hatte sie tatsächlich dabei geholfen, in Spanien Schlösser zu bauen , und die Muster der bunten Kleider und Kleider hatten unsere „wahr werdenden Träume" angenehmer gemacht, aber jetzt – war alles anders.

Als ich die Zeitung auf den Tisch warf, fiel mir zufälligerweise auf, dass genau diese Frauenseite ganz oben lag. Ich las sie nicht, aber hin und wieder ließ ich meinen Blick über die Seite wandern. Ganz unten stand in großen Buchstaben eine Überschrift: „Wettbewerb für wahre Liebesgeschichten des Evening Journal". Die Überschrift war so auffällig, dass mein Blick jedes Mal, wenn ich die Seite ansah, darauf fiel. Ich musste lange warten. Ich hatte keine Lust, die Nachrichtenspalten noch einmal durchzugehen, und begann schließlich, die wahre Liebesgeschichte zu lesen.

Es war keine schlechte Geschichte, aber die Einzelheiten waren nicht besonders außergewöhnlich. Ich habe sie zu Ende gelesen und dann einen Monolog gehalten.

„Wenn die Geschichte dieses Mannes es wert ist, gedruckt zu werden, warum dann nicht auch meine? Zu seiner Geschichte gehört nur, dass er und das Mädchen einen Streit hatten, bevor die Hochzeit schließlich stattfand. Keiner von beiden musste ein Selbstopfer bringen. Wäre es ein Sakrileg, die Geschichte meiner Mamie Rose zu erzählen? Oder würde sie nicht eher zu größerer Selbstlosigkeit bei den Verliebten inspirieren?"

Ich habe diese Frage eine Zeit lang mit mir selbst diskutiert und bin dann zu dem Schluss gekommen, dass die Erinnerung an mein kleines Mädchen nicht dadurch entweiht würde, dass die Geschichte unserer Liebe erzählt wird. Bis zum heutigen Tag bin ich mir nicht sicher, ob ich richtig gehandelt habe, als ich meiner Neigung nachgab. Vielleicht habe ich unfein gehandelt, aber andererseits bin ich weder kultiviert noch gebildet, und in einer Frage dieser Art sind die Gebote meines Herzens im Allgemeinen ausschlaggebend.

Ich hatte keinen Zettel in der Tasche, sah aber ein Stück gelbes Packpapier auf dem Boden liegen. Ich überprüfte, ob es sauber war, und als ich feststellte, dass es einigermaßen sauber war, begann ich, meine Geschichte zu schreiben. Die Bedingungen waren für einen Amateurautor ziemlich hart. Die Geschichte musste in weniger als siebenhundertfünfzig Wörtern erzählt werden.

Nachdem ich die letzte Zeile geschrieben hatte, eilte ich in die Redaktion des Evening Journal, da ich meinem Impuls nicht traute. Ein sehr imposanter junger Mann ließ sich herab, meinen Beitrag entgegenzunehmen, und anstatt ihn sofort zu lesen, warf er ihn achtlos beiseite.

„Das ist eine Geschichte für den ‚Preiswettbewerb‘“, flüsterte ich stockend.

„Ist es das? Ich dachte, es wäre ein Leitartikel über die relativen Positionen Englands und Russlands in der Mandschurei. Aber machen Sie sich keine Sorgen, uns wird es auch nicht beunruhigen. Wir haben mit solchen Sachen nichts zu tun; das geht an die Redakteurin der Frauenseite.“

Wenn dieser junge Mann meine Gedanken hätte lesen können, wäre er überrascht gewesen, wie nahe er dem Ärger war. Die Geschichte meines einzigen Segens, den dieser junge Grünschnabel „Zeug“ nannte!

Erst viele Monate später verstand ich, dass mit „Zeug“ alles Mögliche gemeint war, vom Aufsatz bis zum zweizeiligen Witz.

Ich bin fest davon überzeugt, dass ich am nächsten Tag der erste Käufer des Evening Journal war. Ich blätterte zur Frauenseite, fand aber meine Geschichte nicht. Am nächsten Tag erlebte ich dasselbe und war mir sicher, dass mein „Zeug“ den Weg in den Papierkorb gefunden hatte.

Am dritten Tag sah ich den Namen Owen Kildare zum ersten Mal gedruckt. Ich hatte den Preis gewonnen und meinen Scheck erhalten. Meine Freude kannte keine Grenzen, und als mich nach ein paar Tagen Briefe voller Mitgefühl erreichten, war ich sicher, dass ich mit dem Schreiben dieser kleinen Geschichte nichts falsch gemacht hatte.

Meine Gedanken fanden etwas Neues, worüber ich nachdenken konnte. Wenn diese Geschichte, die unter widrigen Umständen und ohne jede Vorbereitung geschrieben wurde, einen Preis gewinnen konnte, warum konnte ich dann nicht andere Geschichten über die Männer und Frauen schreiben, die ich gekannt hatte, und über die Dinge und Szenen, die ich gesehen hatte und immer noch sehe? Wenn Unwahrheiten und absichtliche Falschdarstellungen wie in einigen der Geschichten, die ich in angesehenen Zeitschriften gelesen hatte, einen Platz im Druck finden können, sollte die Wahrheit über uns – die Menschen in den Slums – sicherlich auch einer Veröffentlichung würdig sein.

Mein Kopf war voller Ereignisse, die ich in den vielen Jahren, die ich im Elend verbrachte, erlebt hatte , und ohne große Schwierigkeiten schrieb ich eine Geschichte über das Leben, das ich am besten kenne.

Ich schickte die Geschichte an McClure's Magazine. Sie wurde angenommen und teilweise bezahlt, aber später an mich zurückgeschickt, weil sie ein bisschen „zu wahr" war. Drei Tage später verkaufte ich sie an die Sunday Press, und der Herausgeber, Mr. William Muller, lud mich ein, Mitarbeiter zu werden. Die Einladung wurde gerne angenommen, und seitdem habe ich Kurzgeschichten, Leitartikel und Sonderartikel, die alle von meiner besonderen Phase handeln, für diese Zeitung geschrieben.

Während meiner Zeit bei der Presse habe ich viel von Andrew McKenzie gelernt, der William Muller als Sonntagsredakteur ablöste und nie müde wurde, meine „Kopie" mit liebevoller Sorgfalt zu kürzen. Dort lernte ich auch einen der besten Männer kennen, die ich je kennenlernen durfte, Hilary Bell, der nicht nur Kritiker der Zeitung war, sondern auch ein hochkarätiger Künstler und Literat und seiner Arbeit so ergeben, dass der Eifer, mit dem er seine Studien verfolgte, ihn zu einem viel zu frühen Tod führte. Hilary Bell, der kluge, standhafte und männliche Mann, ist nicht mehr, aber seine Erinnerung wird für immer in meinem dankbaren Herzen weiterleben. Im Herbst 1901 veröffentlichte der Sunday Herald eine Geschichte mit dem Titel „Wie man mit zehntausend Dollar im Jahr ein Gentleman wird". Ich las sie zufällig und dachte, dass es, vorausgesetzt man besitzt die anderen und wichtigeren Eigenschaften, keine große Sache sei, mit diesem Betrag nicht zu verhungern. Die Geschichte war in einem Geist der Klage geschrieben und erzählte, wie schwierig es war, mit dieser Summe „jemand" in der Gesellschaft zu sein. Hier unten in der Bowery und East Side haben wir Gentlemen, auch wenn manche das bezweifeln, die es schaffen, ihren Anspruch auf den Titel mit weit weniger als zehntausend Dollar zu verteidigen. Der Kontrast war so groß, dass ich nicht anders konnte, als darüber zu schreiben und es dem Herald vorzulegen.

Mr. Dinwiddie, der Sonntagsredakteur, schickte mir einen Brief mit der Bitte, mich anzurufen. Ich hatte die Geschichte „Wie man mit drei Dollar pro Woche ein Gentleman wird" genannt. Der Redakteur fand meine Geschichte ein wenig übertrieben und es dauerte eine Weile, bis ich ihn davon überzeugen konnte, dass die Wahrheit nicht übertrieben war. Aber schließlich wurde die Geschichte gedruckt und ich ließ ihr weitere Geschichten über mein Volk folgen.

Im Januar 1902 lud mich Mr. Hartley Davis, der Herausgeber der Sunday News, ein, regelmäßiger Mitarbeiter dieser Zeitung zu werden. Die News waren immer die Zeitung des Fourth Ward gewesen, und Sie können sich leicht vorstellen, was für eine Aufregung es bei einigen meiner alten Freunde auslöste, als sie meinen Namen so oft am Ende einer Geschichte sahen. In den „Vorderzimmern" vieler bescheidener Häuser dort unten habe ich einige meiner Geschichten stolz und gerahmt an einem Ehrenplatz an der Wand hängen sehen. Und es hat mir ein gutes Gefühl gegeben. Nicht so sehr wegen der Selbstzufriedenheit, obwohl ich offen sein und sagen möchte, dass ich sehr oft, wenn ich weiß und das Gefühl habe, eine ziemlich gute Geschichte geschrieben zu haben, meinen Stolz auf meine Arbeit nicht verbergen und mich darüber rühmen kann, denn es beweist mir, dass nicht alles umsonst war – sondern weil es zeigt, dass selbst diese armen Leute, die Sie für so niederträchtig und demoralisiert halten, froh sind, es aufrichtig anzuerkennen, wenn es einem von ihnen gelingt, ein paar Sprossen auf der Leiter der nützlichen Anständigkeit und Männlichkeit zu erklimmen.

Während meiner Zeit bei den Sunday News hatte ich ein Gespräch mit Hartley Davis, das den Ausgangspunkt dieses Buches bildete. Ich war von einem Auftrag ins Büro zurückgekehrt und machte, nachdem ich dem Herausgeber Bericht erstattet hatte, einige Bemerkungen zu den Szenen, die ich gerade verlassen hatte. Wir kamen ins Gespräch über die Slums und Hartley Davis gratulierte mir zu meiner Flucht aus ihnen. Meine Herkunft war meinen Lesern damals nicht bekannt. Dieser Punkt wurde von Davis betont.

"Kildare, wenn die Leser der Sunday News wüssten, wie Sie sich vom Straßenverkäufer zum Zeitungsautor entwickelt haben, hätten sie mehr Vertrauen in Ihre Geschichten über Ihr Volk und in Sie selbst. Ihnen wurde eine Chance geboten und Sie haben sie genutzt. Wenn ein Mann mit dreißig ein harter Bursche aus Bowery ist, nicht lesen kann und mit siebenunddreißig anfängt, seinen Lebensunterhalt mit Schreiben zu verdienen, dann ist das eine Erzählung wert."

Ich sagte: „Das war kein Zufall, das war ein Wunder."

Es gab Meinungsverschiedenheiten. Um diese zu schlichten und den gemachten Vorschlag anzunehmen, schrieb ich meinen Artikel für die Sunday News und war überrascht über die sympathische Reaktion, die er hervorrief.

Nachfolgend finden Sie eine Kopie der Zusammenfassung, die Hartley Davis bei der Veröffentlichung meiner Geschichte verfasste:

NEW YORKER SONNTAGSNACHRICHTEN.

2. Februar 1902.

EIN INBEGRIFF DER KARRIERE VON OWEN KILDARE.

Dass sich ein Mann mit Hilfe einer guten Frau aus den Tiefen tierischer Erniedrigung zu einer ehrlichen Männlichkeit und Achtung vor reinen und heiligen Dingen erheben kann, ist eine feine Sache.

Dass ein Mann das Alter von dreißig Jahren erreicht, ohne lesen und schreiben zu können, und dann innerhalb weniger Jahre mit Hilfe dieser Frau und durch seinen eigenen unbezwingbaren Willen und seine Energie eine solche Meisterschaft in der Kunst des Schreibens erlangt, dass er in der Lage ist, eine Geschichte wie die hier präsentierte zu erzählen, ist so seltsam, so beispiellos, dass es kaum zu glauben ist.

Owen Kildare ist ein echter Mann und das ist sein richtiger Name. Er ist in der Bowery, wo er lebt, weithin bekannt. Der Autor dieses Artikels kannte ihn, als er Barkeeper in Steve Brodies Saloon war und als „Rausschmeißer" in der furchtbaren Spelunke, die er erwähnt.

Sein Artikel wird so gedruckt, wie er geschrieben wurde, ohne mehr Bearbeitung als die „Kopie" eines durchschnittlich ausgebildeten Autors, und er hat eine Kraft, die heutzutage selten ist. Werfen Sie einen Blick auf diese Zusammenfassung seines Lebens und staunen Sie.

1864 – Geboren in der Catharine Street. Im Kleinkindalter verwaist und von einem kinderlosen Paar adoptiert.

1870 – Wurde Zeitungsjunge in der Bande, deren Anführer Timothy D. Sullivan war, und schlug sich selbst durch.

1880 – Ein „Bierausträger" in einer harten Bowery-Kneipe und ein Boxer. Seine Kampfkraft und Brutalität machten ihn zum Rausschmeißer in einem der berüchtigtsten Resorts, die New York je gesehen hat.

1894 – lernte er die kleine Lehrerin kennen, die er vor Beleidigungen beschützte, die ihm Lesen und Schreiben beibrachte und einen Mann aus ihm machte. Er gab seine Arbeit in Spelunken auf, wo er mehr oder weniger unehrlich sechzig Dollar die Woche verdiente, um für acht Dollar die Woche zu arbeiten.

1900 – Tod der kleinen Lehrerin einen Monat vor der geplanten Hochzeit.

1902 – Vom Zeitungsjungen, der die Daily News verkaufte, wurde er zum Autor für diese Zeitung.

In keinem Beruf gibt es so viele Veränderungen wie im Journalismus, und nicht lange nach dem Erscheinen meiner Geschichte wurde ich Redakteurin in der Redaktion der Evening World. Während meiner Zeit dort veröffentlichte ich eine Reihe von Skizzen auf der Redaktionsseite der Zeitung. Sie waren in einer Sprache geschrieben, die der echten

Ausdrucksweise der Bowery sehr ähnelte. Ich nannte die Serie „The Bowery Girl Sketches" und die Zustimmung der Leser war äußerst schmeichelhaft.

Mein Experiment mit der Bowery-Sprache erregte die Aufmerksamkeit von William Guard, dem Herausgeber des Sunday Telegraph, der mir ein sehr günstiges Angebot machte. Meine Geschichten in dieser Zeitung waren im Bowery-Slang geschrieben, der überhaupt kein Slang ist, sondern lediglich die primitive Ausdrucksweise meiner Kollegen. Die Geschichten waren mit „The Bowery Kipling" unterzeichnet, einem Spitznamen, den mir mein alter und guter Freund John J. Jennings von der Evening World gegeben hatte. Zu keinem Zeitpunkt während meiner Arbeit für den Telegraph hatte der „andere" Kipling Anlass, mich wegen Verleumdung oder Urheberrechtsverletzung zu verklagen.

Diese Erfahrung bei der Zeitung war für mich von großem Wert, aber es ist nicht die Karriere, die ich für den Rest meines Lebens anstreben möchte. Dabei ist die Belohnung allzu oft die Folge von Zufällen, anstatt die logische Folge von Verdienst und Streben zu sein. Die ständige körperliche und geistige Belastung liefert viele Entschuldigungen für Stimulanzien, und absolut gemäßigte Zeitungsleute gehören zu den Seltenheiten. Wie bereits erwähnt, gibt es in den Redaktionen viele Veränderungen, und bei jedem Wechsel der Redakteure sind auch die Mitarbeiter betroffen und müssen umziehen. Es scheint keine Stabilität zu geben, was eine Festanstellung betrifft, es sei denn, es wird ein Vertrag unterzeichnet. Aber Verträge werden nur mit den Stars des Journalismus unterzeichnet, und die „kleinen Fische" fürchten und bangen ständig um ihren Arbeitsplatz. Dennoch wurde mir persönlich während meiner kurzen Zeit in der Zeitungswelt viel Freundlichkeit und Höflichkeit entgegengebracht, und ich habe die Schulung geschätzt und aufgenommen.

Im Januar 1903 wurde ich vom Success Magazine gebeten, meine Geschichte für diese Publikation zu schreiben. Während ich die Geschichte vorbereitete, hatte ich das Vergnügen, Hall Caine kennenzulernen, den angesehenen Romanautor von der Isle of Man. Er wurde oft zum Gegenstand heftiger Kritik, aber da dies eine Geschichte der Tatsachen und kein kritischer Aufsatz ist, kann ich nur sagen, dass Hall Caine ein Mann ist, den man kennen lernen sollte, und ich schätze den Brief sehr, den er mir schrieb, nachdem er die Geschichte für Success im Manuskript gelesen hatte.

Ich füge den Brief hiermit bei:

"Mein lieber Mr. Kildare, ich habe Ihre Geschichte gelesen und sie hat mich tief berührt. Seit vielen Tagen ist mir nichts Wahreres oder Menschlicheres begegnet. Sie ist eine wahre Abschrift aus dem Leben, und der Teil, der von der kleinen Dame handelt, die einen so großen und erhebenden Einfluss auf Ihr Leben hatte, hat mir Tränen in die Augen getrieben und mein Herz erzittern lassen. Ich benutze keine schmeichelhaften Worte, wenn ich sage, dass sich kein großer Schriftsteller für die wahre Zartheit und Zurückhaltung schämen würde, mit der Sie die ernsteren und heiligeren Abschnitte Ihres Lebens behandelt haben.

„Es war mir eine wahre Freude, Sie persönlich kennenzulernen, und kein Gespräch, das ich auf dieser Seite des Ozeans geführt habe, hat mich zu mehr Sympathie bewegt. Ich wünsche Ihnen viel Erfolg und bin überzeugt, dass ein Leben wie Ihres und eine Erinnerung, die Ihre Vergangenheit erhellt und feierlich macht, Ihnen nur zu immer größerer Stärke und von Gutem zu Besserem verhelfen kann.

„Dass dies so sein möge, wird mein aufrichtiger Wunsch für Sie sein, lange nachdem ich Ihre amerikanischen Küsten verlassen habe.

„Mit freundlichen Grüßen, HALL CAINE."

Die Geschichte wurde in der Februarausgabe von Success veröffentlicht und die Reaktion war – ich weiß nicht, wie ich es beschreiben soll – verblüffend, erstaunlich, ja, fast peinlich. Über viertausend Briefe erreichten mich aus allen Teilen des Landes, und der Herausgeber erhielt Briefe von Pfarrern, die ihm mitteilten, dass sie die Geschichte anstelle der regulären Predigt von der Kanzel vorgelesen hatten. Mein Herz klopfte, als ich sah, wie das Wunder, das meine Mamie Rose im Namen Gottes vollbracht hatte, die vielen bewegt hatte, und wieder einmal hatte ich Grund, meinem Schöpfer zu danken, dass er sie mir geschickt hatte – wenn auch nur für so kurze Zeit.

Durch Herrn Powlison wurde ich eingeladen, vor mehreren Zweigstellen des CVJM zu sprechen, und obwohl mein Vortrag und meine Ausdrucksweise sehr im Widerspruch zu rednerischen Methoden stehen, bewies die Geschichte des Wunders erneut, dass unser Gott derselbe Gott ist, der Gott der alten und der neuen Zeit.

Ich glaube, dass ich meinen Weg vor mir sehe. Ich werde schreiben. Brillanz, Eleganz der Ausdrucksweise und ein erlesenes Vokabular werden in meinen Geschichten und Artikeln nicht zu finden sein, aber die Wahrheit ist da, wie ich sie gesehen und erlebt habe, und das ist schon etwas.

Dies ist die Richtung, in die mein Ehrgeiz geht. Ich möchte ein Schriftsteller mit einem klar definierten Ziel sein. Ich möchte die reine Wahrheit über Menschen und Dinge sagen, wie ich sie kenne und jeden Tag in den Häusern der Mietskasernen sehe, in den Wohnstätten freundloser, hoffnungsloser Menschen, von denen viele einst so gut und respektabel waren wie jeder von Ihnen. Ich möchte meine Feder, egal wie unbegabt sie ist, ihrem Dienst widmen, damit andere, wie ich, die Orte und Bedingungen kennen, an denen Mitmenschen anfangen, gegen ihren Gott und die Menschen zu wettern, weil sie glauben, sie seien vergessen. Ich möchte zeigen, dass oft ihr Herz am meisten hungert und nicht ihr Magen, und ich möchte Sie bitten zu glauben, dass sie, wie auch andere, nicht nur Hunger und Kälte empfinden, sondern auch Liebe und Verzweiflung empfinden können.

Ich habe das Gefühl, dass es auf diesem Gebiet Arbeit für mich gibt , und mein Ehrgeiz ist es, darin erfolgreich und würdig zu sein, als lebendiges Zeugnis dafür, dass eine der süßesten Töchter Gottes nicht umsonst gelebt und gestorben ist.

Dies ist die Geschichte des Wunders, das meine Mamie Rose vollbracht hat.

DAS ENDE.

* * * * * * *